Ilustrações Selecionadas

Alcides Conejeiro Peres

Pequenas histórias
e experiências
para sermões e
estudos bíblicos

Ilustrações Selecionadas

CPAD

242.2
PERi Peres, Alcides Conejeiro, 1921-
Ilustrações selecionadas. Rio de Janeiro, CPAD, 1985.
p. il.

1. Literatura devocional - Ilustrações.
2. Vida Cristã - Ilustrações. I. Título.

CDD 242.2

Código para Pedidos: VC-630
Casa Publicadora das Assembléias de Deus
Caixa Postal, 331
20001 Rio de Janeiro, RJ, Brasil

22ª Impressão Abril 2013
Tiragem 1.000

Índice

Duas palavras ... 11

A

Abandonou tudo por amor de Jesus ... 104
A Bíblia incompleta ... 127
A Bíblia – leitura suficiente ... 73
A Bíblia não me deixa em paz ... 60
Acabei de conversar com Ele ... 58
A conversão de Pedro Valdo ... 103
A convicção de uma menina ... 117
A coragem de João Sanches ... 132
A evangelista Ruth Carter Stapleton ... 101
A filha que roubou a sua própria mãe ... 66
A humildade de Alexandre ... 82
Alembert não era o único ... 16
A lepra devastadora ... 27
A maior dádiva ... 39
Amansa João Alves ... 71
Amor aos irmãos ... 63
A morte de Policarpo ... 13
A morte do mais rico ... 23
A mulher preferia os bailes ... 29

Antes e depois do casamento 81
A obediência que vale 66
Ao nosso alcance valores desconhecidos 67
A palavra não volta vazia 70
A pedra rejeitada 61
A porta nunca se fechou 83
A preocupação de Corrie Ten Boom 94
A prisão de João Bunyan 102
A professora de Calaghan 42
A retidão do tesouro 85
A segurança humana pode falhar 116
A sensatez de um armador 27
A superioridade de Filipe da Macedônia 17
As riquezas do Vaticano 106
Avançar! 93
Aviso ao rei Knut 20
C
Carta escrita para um crente cerca do ano 200 d.C. 123
Como calar os caluniadores 25
Como é Deus? 124
Confiança no Senhor 71
Continuo o culto em casa 96
Contrastes 112
Contrato em branco 48
Converteu-se por ter enganado de endereço 28
Converteu-se um bêbado em Vila Formosa 102
Convidar sempre 15
Cristo, a alavanca 87
Cristo pode mudar 25
Cristo vive 111
Culpado do sangue derramado 132
Culpa dos pais 17
D
Dar tudo para Jesus 92
Deus é nosso Consolador 69
Deus guarda seus servos 64
Deus pode condenar o homem 87
Deu tudo e recebeu de volta 90
Dois quadros de navios 107
E
E depois? 49
Eis que tudo se fez novo 56
Ela conseguiu salvar o seu lar 133
Ele conhece o pastor 129
Embaixador de Cristo 68
Embrulhos de presentes para você 88
É necessário obediência irrestrita 63

É necessário provar 58
É preciso exercitar a fé 109
Escolher sempre o melhor 78
Esta casa é para você 124
Esta harpa foi fabricada por mim 131
Estou me destruindo, doutor 100
Estou pronto 21
Estradas boas para os missionários 36
Estraguei a minha vida 96
Eu já sabia 51
Eu poderia matá-lo 122
Eu quero ver os meus pais 130
Eu tenho Jesus no coração 20

F

Fale mais com Deus 126
Fidelidade 114

G

Guarda-chuva como demonstração 51

I

Informação errada 54

J

Jesus Cristo está vivo 60
Jesus estava no primeiro barco 13
Jesus revela o Pai 130
Jesus também converte padres 104
Jesus transforma 128
João, o peixeiro 26
Jovem, leia a Bíblia 79

L

Lança o teu pão 84
Lá vai um bobo 31
Liberte este indigno 16
Literatura evangélica e literatura comunista 120
Livingstone, o pioneiro 125

M

Mais um folião que se salva 99
Mamãe, agora sou crente! 97
Mande embora seu filho 80
Maravilhoso avivamento na Morávia 38
Médico não socorreu seu próprio filho 38
Meu pai, este diploma lhe pertence 81
Minha preocupação 30
Missionários entre os índios 91
Moody, o homem de pouca gramática 28
Morreu no lugar do advogado 32
Morreu para salvar os passageiros 53

N
Não desanimar! ... 86
Não os tires do mundo ... 25
Nunca foi convidado ... 53
O
O acendedor de lampiões ... 22
O adolescente George Müller ... 119
O afundamento do Titanic ... 44
O amor de mãe ... 51
A Anticristo se prepara ... 115
O ardor de Alexandre Duff ... 33
O bom juiz ... 89
O caminho para o coração amoroso ... 115
O diamante "Presidente Vargas" ... 92
O egoísmo do vizir ... 61
O empregado preferiu morrer ... 110
O exemplo da aranha ... 19
O exemplo de Oswaldo Cruz ... 108
O fabricante de imagens ... 106
O feitiço contra o feiticeiro ... 22
O ferreiro missionário ... 35
O filho morreu na guerra ... 75
O fogo no carnaval ... 29
O folião que se decidiu ... 99
O inimigo de nossas almas ... 73
O mau hábito de desobedecer aos avisos ... 35
O navio consertado ... 27
Onde Deus não está? ... 58
O Pentecoste dos moravianos ... 43
O poder da oração ... 36
Oportunidade de ouvir Mendellsohn ... 122
O que as outras religiões não têm ... 98
Orar aqui mesmo ... 34
Orgulho que mata ... 59
Orou pedindo gelo ... 24
O salmo 23 ... 133
Os caminhos da morte ... 114
Os crentes e a destruição de Jerusalém ... 64
Os crentes na Rússia ... 112
Os engenheiros celestes construíram uma ponte ... 45
O Senhor deu, o Senhor tirou ... 95
O Senhor é quem te guarda ... 40
O socorro nos vem do Senhor ... 45
O soldado falava em nome do filho ... 50
O suicídio de Stefan Zweig ... 90
Ou dê um bom testemunho, ou mude o seu nome ... 34
O valente convertido ... 121

O valor da literatura 129
O valor do testemunho 128
O velho João Hartman 74

P

Persistência é cavar poço 55
Preferiu salvar a menina 83

Q

Quanto dinheiro você tem? 118
Quem pode pagar tanto? 98
Questão de limites 57

R

Recusou o noivo no último momento 76
Recusou o perdão 30
Reencontro do pai com o filho perdido 52

S

Salomão Ginsburg 47
Salvou o menino do incêndio 74
Salvou seu próprio irmão 85
Sempre honrei o nome do meu pai 57
Sim, sim, não, não 69
Só cem cruzeiros? 43
Socorrendo zombadores 89
Só Deus pode perdoar pecados 105
Soldados na ilha evangelizada 33

T

Também sou crente 62
Tarde demais 68
Tiago, o irmão do Senhor 118
Tinha vergonha da mãe 108
Todos pecaram 65
Tolerância 72

U

Uma cena de gratidão 110
Uma ciganinha chamada Pepita 23
Uma esposa muito paciente 18
Uma sábia sentença 100
Uma salvação prestes a ser revelada 95
Um bêbado na igreja 113
Um cachorro herói 48
Um comerciante se encontra com Deus 88
Um crente escondido 126
Um crente que furtou 31
Um filho desvairado 80
Um lucro de quatrocentos por cento 14
Um presente imerecido 41

V

Vale a pena insistir 38
Vencido por Jesus 75
Vida? Só por Deus! 70
Voltarei no próximo outono 41
Volte meu filho 77

Duas Palavras

Nunca me ocorreu publicar um trabalho como este.

Porém, há algum tempo, comecei a catalogar ilustrações para o meu próprio uso, pois elas são um recurso extraordinário de que se valem os pregadores. Dessa coleção, adaptadas as unidades a textos bíblicos guardados há anos, resultou esta obra. Achei então que não devia guardar só para mim aquilo que, de alguma forma, poderá ser útil a outros.

Agora, o sincero desejo do meu coração é que este trabalho possa servir de instrumento para levar aqueles que ainda não são crentes a lerem as porções bíblicas que acompanham as ilustrações.

O Autor

ÍNDICE DAS ABREVIATURAS USADAS NESTE LIVRO

VELHO TESTAMENTO

Gn - Gênesis
Êx - Êxodo
Lv - Levítico
Nm - Números
Dt - Deuteronômio
Js - Josué
Jz - Juízes
Rt - Rute
1 Sm - 1 Samuel
2 Sm - 2 Samuel
1 Rs - 1 Reis
2 Rs - 2 Reis
1 Cr - 1 Crônicas
2 Cr - 2 Crônicas
Ed - Esdras
Ne - Neemias
Et - Ester
Jó - Jó
Sl - Salmos
Pv - Provérbios
Ec - Eclesiastes
Ct - Cantares
Is - Isaías
Jr - Jeremias
Lm - Lamentações de Jeremias
Ez - Ezequiel
Dn - Daniel
Os - Oséias
Jl - Joel
Am - Amós
Ob - Obadias
Jn - Jonas
Mq - Miquéias
Na - Naum
Hc - Habacuque
Sf - Sofonias
Ag - Ageu
Zc - Zacarias
Ml - Malaquias

NOVO TESTAMENTO

Mt - Mateus
Mc - Marcos
Lc - Lucas
Jo - João
At - Atos
Rm - Romanos
1 Co - 1 Coríntios
2 Co - 2 Coríntios
Gl - Gálatas
Ef - Efésios
Fp - Filipenses
Cl - Colossenses
1 Ts - 1 Tessalonicenses
2 Ts - 2 Tessalonicenses
1 Tm - 1 Timóteo
2 Tm - 2 Timóteo
Tt - Tito
Fm - Filemon
Hb - Hebreus
Tg - Tiago
1 Pe - 1 Pedro
2 Pe - 2 Pedro
1 Jo - 1 João
2 Jo - 2 João
3 Jo - 3 João
Jd - Judas
Ap - Apocalipse

Ilustrações Selecionadas

JESUS ESTAVA NO PRIMEIRO BANCO

Um pastor lutava há muitos anos sem ver sua igreja crescer. Certa noite sonhou que estava pregando e era ouvido atentamente por um visitante desconhecido. No final do culto, o pastor foi cumprimentar a visita, e constatou que fora Jesus mesmo que ali o estivera ouvindo. Assim, o seu ministério foi mudado pela convicção de que Jesus estava presente às suas pregações.

"... eis que estou convosco todos os dias, até a consumação dos séculos" (Mt 28.20b).

A MORTE DE POLICARPO

Policarpo, em sua mocidade, foi aluno do apóstolo João. Foi condenado a morrer queimado no ano de 156 d.C. Uma carta da igreja de Esmirna para a de Filomênia assim relata a sua morte:

– Mas o admirabilíssimo Policarpo, logo que ouviu falar sobre isso (que o procuravam para prender), não se desencorajou, mas preferiu permanecer na cidade. Entretanto, a maioria conseguiu convencê-lo a retirar-se. Então ele se ocultou em uma pequena propriedade... seus perseguidores chegaram e, como não o encontrassem, aprisionaram dois jovens servos... um deles confessou, sob tortura, o esconderijo do santo. O oficial apressou-se a conduzir Policarpo ao estádio, para que recebesse o castigo que o aguardava por ser seguidor de Cristo. Quando adentrava pelo estádio, ouviu-se uma voz do Céu que lhe dizia: – "Sê forte, Policarpo, e porta-te varonilmente". Essa voz foi ouvida pelos crentes que se achavam presentes...

Policarpo foi ameaçado de ser entregue às feras.

– Se desprezas as feras – disse-lhe o procônsul – ordenarei que sejas consumido na fogueira, se não te retratares.

– Tu me ameaças com o fogo que consome por um momento e logo se apaga, mas desconheces o fogo do juízo vindouro, o fogo da punição eterna, reservado para os ímpios!

A multidão, ávida de morte, pede a fogueira para o "Pai dos Cristãos", o "Mestre da Ásia".

Quando quiseram encravá-lo com pregos no poste central ele disse:

– Deixem-me conforme estou. Aquele que me deu forças para suportar o fogo, também me permitirá que permaneça na pira inabalável, sem que seja seguro por pregos.

Ao terminar a sua oração, o encarregado acendeu a fogueira e grandes chamas se elevaram ao alto...

"E outros experimentaram escárnios e açoites, e até cadeias e prisões. Foram apedrejados, serrados, tentados, mortos a fio de espada; andaram vestidos de peles de ovelhas e de cabras, desamparados, aflitos e maltratados (Dos quais o mundo não era digno), errantes pelos desertos, e montes, e pelas covas e cavernas da terra" (Hb 11.36-38).

UM LUCRO DE QUATROCENTOS POR CENTO

J. Hudson Taylor, no seu tempo de estudante, na Inglaterra, teve muitas confirmações de Deus sobre sua chamada para ser missionário na China.

Conta-se que certa vez foi chamado a socorrer uma senhora moribunda, admirando-se de que o pedido surgisse de um católico, mas soube depois que o padre se recusara a atender ao chamado, porque o necessitado não tinha dezoito *pence* para pagar adiantado.

Hudson era estudante pobre. Tudo o que tinha no momento se resumia numa tigela com o suficiente para alimentar-se à noite e para o desjejum do dia seguinte, e uma moeda de *meia coroa* no bolso.

Chegou finalmente a uma habitação paupérrima. Foi conduzido ao quarto de dormir cheio de molambos, onde estava a doente.

– Você me pediu que viesse orar pela sua esposa. Ajoelhemo-nos e oremos! – disse Taylor.

Nem bem tinha começado a orar, doeu-lhe a consciência por estar na presença de Deus, diante de pessoas tão necessitadas, e ele, com *meia coroa* no bolso. Não conseguiu terminar a oração. Levantou-se, deu a moeda ao velho e partiu.

No dia seguinte a tigela de mingau não faltou. Antes de terminá-la o carteiro bateu à porta, e, pouco depois, a proprietária vinha entregar-lhe um envelope. Não pôde atinar de onde viera, nem conheceu a letra. Dentro do envelope um par de luvas, e dentro de uma das luvas meio *soberano.*

Tivera a sua *meia coroa* restituída (não sabia por quem), com um lucro de 400%.

"E qualquer que tiver dado só que seja um copo de água fria a um destes pequenos, em nome de discípulo, em verdade vos digo que de modo algum perderá o seu galardão" (Mt 10.42).

CONVIDAR SEMPRE

Um pastor, aconselhando sua igreja a convidar, contou a seguinte ilustração:

Havia em certa igreja um crente muito dedicado à evangelização pessoal. Evangelizava, entregava folhetos, convidava, convidava, e insistia. Chegava a ser cansativo em sua insistência.

Próximo de sua casa, havia uma pequena alfaiataria. O atelier ficava num jirau, que se alcançava por uma escada de madeira. Ali o alfaiate pedalava a sua máquina o dia inteiro. O crente entrou pela centésima vez porta a dentro e puxou conversa, renovou o convite para o culto da igreja naquele dia. O alfaiate que não estava bem-humorado, subitamente empurrou o crente escada abaixo dizendo:

– Desapareça daqui seu fanático!

O crente se levantou, ajeitou a roupa, olhou para cima e disse:

– Está bem, eu desapareço, mas o senhor vai à igreja hoje. Não vai?

"Que pregues a palavra a tempo e fora de tempo" (2 Tm 4.1).

ALEMBERT NÃO ERA O ÚNICO

Jean Le Rond d'Alembert, escritor, filósofo, e matemático francês, freqüentava com assiduidade o palácio de Lorena. Querendo atrair a atenção sobre si, irreverentemente afirmou:

– Sou eu o único neste palácio que não crê em Deus e por isso não o adora.

– Engana-se – respondeu a princesa – o senhor não é o único neste palácio que não crê em Deus e nem o adora.

– Quem são os outros? – perguntou o sábio.

– São todos os cavalos, e os cães que estão nas cavalariças e nos pátios deste paço – respondeu a princesa.

– Assim, estou sendo comparado aos irracionais!?

– De modo algum, tornou a princesa. Embora os irracionais não tenham conhecimento nem adorem a Deus, não têm a imprudência de se vangloriar disso.

"Disse o néscio em seu coração: Não há Deus" (Sl 53.1a).

LIBERTE ESTE INDIGNO

Visitando um presídio, certa autoridade ia perguntando a cada um dos presos a razão da sua detenção. Cada um procurava provar que estava sendo injustiçado, mostrando-se inocente. Fez a mesma pergunta a um crente, e este respondeu:

- Estou aqui porque errei.

A autoridade chamou o encarregado do presídio e ordenou:

- Solte este homem, porque ele é indigno de estar aqui no meio de tanta gente boa.

"O que encobre as suas transgressões, nunca prosperará, mas o que as confessa e deixa, alcançará misericórdia" (Pv 28.13).

CULPA DOS PAIS

Um amigo me falou de sua própria experiência sobre pais que não souberam educar seus filhos conforme ensina a Bíblia. Disse:

- Meus pais eram muito indulgentes comigo, e, desde a meninice, aprendi a impor minha vontade contra o bom senso, até na realização dos meus desejos prejudiciais. Acabei ficando desobediente, e com pouco respeito para com a vontade deles. Não quero ser injusto no julgamento dos meus queridos pais, aos quais eu devo honrar, mas não posso deixar de reconhecer a sua culpa por não me disciplinarem. Por causa de sua excessiva bondade, eu tive de lutar comigo mesmo - depois que saí do seio da família - para aprender a distinção entre os meus desejos egoísticos e a verdadeira justiça social. Se eu tivesse sido disciplinado em casa, e restringido no exercício da minha própria vontade, estaria muito mais preparado para adaptar-me às justas exigências do meio social. *(Princípios de Ética para o Lar Cristão,* de A. R. Crabtree, página 17, da Casa Publicadora Batista, 2ª Edição.)

"Não retires a disciplina da criança; porque, fustigando-a com vara, nem por isso morrerá" (Pv 23.13).

A SUPERIORIDADE DE FILIPE DA MACEDÔNIA

Filipe II, rei da Macedônia, foi muito acusado por seus compatriotas de indigno de ser rei, indigno de ser comandante, indigno mesmo de ser grego ou de ser considerado nobre. No entanto, encontrava prazer em escutar a verdade, tão incômoda aos ouvidos dos soberbos; dizia que os oradores de Atenas lhe tinham prestado um grande serviço censurando-lhe os defeitos, pois só assim poderia corrigir-se.

* * *

Certo prisioneiro, que estava à venda, dirigia-lhe muitas acusações.

– Ponde-o em liberdade – disse Filipe. – Não sabia que era dos meus amigos.

* * *

Sugerindo-lhe alguém a punição de um homem que dele tinha falado mal, respondeu:

– Vejamos primeiro se lhe demos motivo para isso.

* * *

O embaixador de Atenas acabava de expor-lhe com muita insolência a sua missão. Filipe ouviu-o com paciência. Ao final perguntou ao agressor:

– Que poderia eu fazer que fosse agradável à República?

Obteve a resposta:

– Enforcares-te.

Os expectadores, indignados, dispunham-se a puni-lo. Filipe não deixou, dizendo:

– Deixai em paz esse bobo; e dirigindo-se aos outros embaixadores:

– Dizei aos vossos compatriotas que aquele que insulta deste modo é muito inferior ao que, podendo puni-lo, perdoa-lhe.

"Nada façais por contenda ou por vanglória, mas por humildade; cada um considere os outros superiores a si mesmo. Não atente cada um para o que é propriamente seu, mas cada qual também para o que é dos outros. De sorte que haja em vós o mesmo sentimento que houve também em Cristo Jesus" (Fp 2.3-5).

UMA ESPOSA MUITO PACIENTE

Um homem vivia sob a influência de maus companheiros, entregue ao vício da embriaguez. Seus companheiros não podiam crer que ele tivesse uma boa e paciente esposa; por isso, foram à sua casa certa noite e fizeram uma terrível desordem e muito barulho. O marido ainda exigiu da esposa que ela preparasse uma refeição para eles. Ela, no seu espírito religioso, o fez, sem se queixar. Os outros, diante de tanta singularidade, perguntaram-lhe:

– Por que a senhora satisfaz todas as vontades de seu impertinente marido?

– Bem – disse ela – os bêbados só têm uma vida; como diz na Bíblia, eles não herdarão o reino de Deus. Por isso procuro fazer a sua vida aqui na terra tão feliz quanto possível.

Envergonhados, os maus companheiros deixaram aquela casa e naquela mesma noite, o esposo viciado, entregou-se a Jesus.

"Rogo-vos, pois, eu, o preso do Senhor, que andeis como é digno da vocação com que fostes chamados. Com toda a humildade e mansidão, com longanimidade, suportando-vos uns aos outros em amor" (Ef 4.1,2).

O EXEMPLO DA ARANHA

Roberto Bruce, rei da Escócia, combatendo forças inimigas superiores, embrenhou-se na floresta, e, escondido, desanimado, passou a observar o sacrifício de uma aranha que tentava construir o seu ninho, entrelaçando fios entre um pau e outro. Alguns lances difíceis, mas a aranha não se desanimava. Tentava uma, duas, seis vezes, até conseguir o seu intento.

Mirando-se naquele animalzinho que lhe dava um belo exemplo de tenacidade, ele pensou:

– Se uma aranha pequenina pode vencer a adversidade, eu, um rei, não devo desistir tão facilmente.

Bruce saiu do esconderijo, reuniu os soldados, e munido de nova coragem e determinação, entusiasmou a todos. Venceu o inimigo na sétima batalha.

"Na vossa paciência, possuí as vossas almas" (Lc 21.19).

EU TENHO JESUS NO CORAÇÃO

Euclides da Cunha assistia horrorizado à selvageria com que um dos assessores do comandante tratava os jagunços. Sua alma sensível de pessoa civilizada entristecia-se ante tão deprimente espetáculo de barbaria, ordenado pelo carrasco.

Uma tarde, encontrando esse comandante violento carregando na farda um crucifixo de ouro, perguntou:

– Que é isto?

– É Jesus, respondeu o oficial.

– Pois olhe – disse-lhe o autor de "Os Sertões", batendo no peito: – Eu o tenho aqui dentro do coração, e Ele me repreende quando faço o mal. E o seu Jesus?

"Porque o Senhor disse: Pois este povo se aproxima de mim, e com a sua boca, e com os seus lábios me honra, mas o seu coração se afasta para longe de mim e o seu temor para comigo consiste só em mandamentos de homens..." (Is 29.13).

AVISO DO REI KNUT

O sábio rei Knut, da Inglaterra, em 1032 deu uma grande lição aos seus súditos bajuladores. Diziam eles:

– Tu és grande e todo-poderoso. Ninguém em todo o universo ousaria desobedecer-te. Tua glória e teu reino serão para sempre, ó rei!

Um dia o rei ordenou:

– Tragam para cá o trono. Agora sigam-me até a praia. Ali, cercado de toda a sua família e de toda a nobreza, mandou colocar o trono quando a maré estava baixa. Sentou-se sem nada dizer e todos se admiraram. Em pouco tempo a maré começou a subir molhando os pés do rei, e de toda a sua corte. O rei levantou as mãos sobre o mar e exclamou com autoridade:

– Esta terra onde estou é minha e todos obedecem à minha voz. Ordeno-te, pois, ó água, que voltes para o mar e que não molhes os pés do rei. Como rei, ordeno-te, que voltes já para o mar.

Mal acabou de pronunciar estas palavras, uma onda

forte, espumando branco com enorme estrondo, quebrou, molhando não só os pés, mas todo o corpo de todos, e arrastando alguns para dentro da água.

Então, solenemente, o rei deu esta sábia sentença:

– Que todos os povos da terra saibam que os reis não têm autoridade alguma, a não ser aquela que Deus lhe dá. O poder dos reis é coisa vã. Ninguém é digno do nome de rei, a não ser aquele que criou a terra e o mar, e cuja palavra é a lei dos céus e da terra.

Hoje, na cidade de Southampton, numa antiga parede, bem perto do mar, há uma placa com estes dizeres:

"Neste local, em 1032, o rei Knut repreendeu toda a sua Corte"

"Da minha parte é feito um decreto, pelo qual em todo o domínio do meu reino os homens tremam e temam perante o Deus de Daniel; porque ele é o Deus vivo e para sempre permanente, e o seu reino não se pode destruir; o seu domínio é até o fim. Ele livra e salva, e opera sinais e maravilhas no céu e na terra" (Dn 6.26,27).

ESTOU PRONTO

Certo capitão de um navio viu numa cidade um menino maltrapilho olhando as vitrinas.

– Onde está seu pai? – perguntou-lhe o capitão.

– Desapareceu depois da morte de minha mãe, há muito tempo.

O bom capitão condoeu-se do estado do menino. Parecia ter fome. Levou-o a jantar num restaurante e fizeram boa amizade.

– Quer viajar como tripulante no meu navio?

– Estou pronto – respondeu o menino.

E *Estou Pronto* ficou sendo o seu nome. Todos gostaram muito dele, pois sua mãe, que era crente, o ensinara a ser um menino bom e prestativo.

Com o tempo, Estou Pronto conseguiu ganhar muitos tripulantes do navio para Cristo, inclusive o capitão.

"Depois disto ouvi a voz do Senhor, que dizia: A quem enviarei, e quem há de ir por nós? Então disse eu: Eis-me aqui, envia-me a mim. Então disse ele: Vai e dize a este

povo: Ouvis, de fato, e não entendeis e vedes, em verdade, mas não percebeis" (Is 6.8,9).

O FEITIÇO CONTRA O FEITICEIRO

Certa moça crente, enfermeira de um hospital no Rio de Janeiro, por seus méritos, foi promovida a chefe de departamento. Algumas pessoas que se consideraram preteridas reclamaram. Uma senhora mais exaltada, achou por bem vingar-se da nova superiora. Procurou um famoso macumbeiro. Contou-lhe o caso e contratou seus serviços. Tudo combinado, ficou de voltar na semana seguinte, para receber a "obrigação".

- Ih! não mexa com essa gente, minha filha! - disse o macumbeiro. Essa moça é crente e está sob a proteção de Deus.

A invejosa voltou para casa, mas não se conformou. Alguns dias depois tornou ao terreiro, insistindo em sua malévola pretensão. Desta vez recebeu uma sentença definitiva.

- Minha filha. Desista de querer fazer mal a essa moça, porque todo o mal que você quiser fazer-lhe, se voltará contra você mesma.

"O que faz com que os retos se desviem para um mau caminho, ele mesmo cairá na sua cova, mas os sinceros herdarão o bem" (Pv 28.10).

O ACENDEDOR DE LAMPIÕES

Quando menino, em Nova Odessa, São Paulo, eu gostava de acompanhar o acendedor de lampiões. (Na verdade, em 1927, os lampiões já tinham sido substituídos por lâmpadas, mas o nome do funcionário continuou, *acendedor de lampiões.)*

Hoje, as modernas lâmpadas de mercúrio, ou as lâmpadas comuns, se acendem automaticamente ao cair da tarde e se apagam de manhã com o clarear do dia. Mas antigamente não era assim. Os automóveis funcionavam com luz a carbureto, bruxuleante, e a iluminação pública era muito deficiente. Os postes precisavam ser acesos, um a um, ao cair da tarde, com operação inversa todas as manhãs.

A criançada acompanhava o funcionário da prefeitura. Ele, com uma vara comprida, suspendia a chave de cada poste, clareando um pedaço de rua. Corríamos para o poste seguinte. Mais um jorro de luz. Mais outro... mais outro.

Quando ficava muito distante de casa e não tínhamos permissão de ir além, já não se divisava mais o acendedor de lampiões. A sua imagem era engolida pelas sombras, e, de repente, mais um jato de luz, e ia ficando um rastro luminoso por onde ele passava.

Muitos crentes são como um *acendedor de lampiões:* Vão deixando um rasto luminoso por onde passam. Mas outros...

"Vós sois a luz do mundo: não se pode esconder uma cidade edificada sobre um monte; nem se acende a candeia e se coloca debaixo do alqueire, mas no velador, e dá luz a todos que estão na casa. Assim resplandeça a vossa luz diante dos homens, para que vejam as vossas boas obras e glorifiquem a vosso Pai, que está nos céus" (Mt 5.14-16).

A MORTE DO MAIS RICO

Um fazendeiro tinha um empregado crente, muito antigo, em quem depositava inteira confiança, e que também era seu confidente. Certa manhã o patrão procurou o empregado, e, triste, contou-lhe o sonho que tivera na noite anterior. Sonhara que um mensageiro de Deus lhe dissera:

– Dentro de três dias morrerá o homem mais rico desta região.

O seu temor estava justamente no fato de ser ele, o fazendeiro, o homem mais rico da região .

Mas ao terceiro dia quem morreu foi o seu empregado de confiança, o crente.

"Há quem se faça rico, não tendo coisa nenhuma, quem se faça pobre, tendo grande riqueza" (Pv 13.7).

UMA CIGANINHA CHAMADA PEPITA

Uma ciganinha chamada Pepita foi convidada por um

pintor a posar para um quadro. Em troca, receberia algumas moedas de ouro. Chegando ao atelier, Pepita se impressionou com uma tela de Cristo crucificado. Ela nunca tinha ouvido falar de Cristo nem de sua morte na cruz. Pediu então ao pintor que lhe contasse a história daquele "homem na cruz".

O artista contou-lhe a história de Jesus. Seu nascimento, seu sofrimento e morte na cruz, sua ressurreição, tudo... A ciganinha ficou muito comovida e perguntou ao artista:

– O senhor deve amá-lo muito, não? pois ele morreu pelo senhor.

Mas o pintor, que conhecia tão bem a história de Cristo, vivia distanciado do grande amor do Senhor. A pergunta da menina levou-o a render-se a Jesus. Ambos se converteram naquele momento e juntos agradeceram a Deus.

"E eu, quando for levantado da terra, todos atrairei a mim" (Jo 12.32).

OROU PEDINDO GELO

A mulher tinha muita fé. Simples como era, apegava-se às promessas bíblicas e confiava em Deus. Seu filhinho estava muito doente e o médico recomendou gelo para debelar o mal. Mas onde conseguir gelo naquela região? Na sua simplicidade – e o reino dos céus pertence aos humildes – ela confidenciou ao médico:

– Vou conseguir gelo, doutor. Vou orar ao Senhor que me mande o gelo que eu preciso.

Procurou o pastor e este também ficou admirado da simplicidade daquela crente. Mas ela insistia:

– Não está escrito na Bíblia: "O que pedirdes em meu nome..."?

Oraram juntos e Deus atendeu àquele apelo. Formou-se uma tremenda tempestade e a saraiva cobriu a terra. Estava ali muito mais do que o necessário!

"Jesus, porém, respondendo disse-lhes: Em verdade vos digo, que, se tiverdes fé e não duvidardes... se a este monte disserdes: Ergue-te e precipita-te no mar, assim será feito" (Mt 21.21).

CRISTO PODE MUDAR O HOMEM

Um pregador entusiasmado falava em praça pública a um grande número de ouvintes. Como muitas vezes acontece, um escarnecedor ousadamente interrompeu-o dizendo:

– Pregador, o seu Cristo pode fazer tanta coisa como você está dizendo, mas não pode mudar a roupa deste mendigo que está ao seu lado.

O pregador, sem se perturbar, respondeu:

– Realmente. Nisto o senhor tem razão. Cristo não vai mudar a roupa deste mendigo ao meu lado, mas Cristo pode mudar o mendigo que está dentro dessa roupa.

"Assim que, se alguém está em Cristo, nova criatura é: as coisas velhas já passaram: eis que tudo se fez novo" (2 Co 5.17).

NÃO OS TIRES DO MUNDO

Um crente perguntou certa ocasião a Moody se precisava deixar o mundo para viver uma vida santa.

– Não – respondeu ele. – Você só precisa viver de tal modo que o mundo note que você é crente.

Certo pastor, doutrinando a sua igreja, disse:

– Se não pudermos mostrar ao mundo o que o Evangelho fez em nós, não podemos querer que o mundo seja transformado pelo Evangelho.

"Dei-lhes a tua palavra, e o mundo os aborreceu, porque não são do mundo, assim como eu não sou do mundo. Não peço que os tires do mundo, mas que os livres do mal. Não são do mundo, como eu do mundo não sou. Santifica-os na verdade, a tua palavra é a verdade" (Jo 17.14-17).

COMO CALAR OS CALUNIADORES

Conta-se que Platão foi caluniado. Alguém lhe perguntou se ele não iria se desforrar. O sábio então respondeu:

– Tenho de viver de tal modo que cale a boca dos meus caluniadores.

"Porque assim é a vontade de Deus, que, fazendo bem, tapeis a boca à ignorância dos homens loucos" (1 Pe 2.15).

JOÃO, O PEIXEIRO

À beira mar morava o João Peixeiro. Na rua era motivo de zombaria de todos, pois vendia a qualquer preço o produto de seu trabalho e ia para o botequim onde gastava tudo bebendo pinga. Saía cambaleando e demorava-se por ali até chegar a casa. Seus filhos, quando o viam aproximar-se, depois de mais um dia desventurado, atropelavam-se em fuga. Não acontecia o mesmo com a pobre esposa que era um "saco de pancadas". Mas ela agüentava tudo por amor aos filhos. Dizia:

– Ruim com ele, pior sem ele, pois os filhos precisam comer.

Um dia João Peixeiro ouviu uma pregação. Cantavam os crentes, e o pregador leu o capítulo 3 do Evangelho de João. O pescador ouviu atentamente a pregação, apesar do seu estado de embriaguez. O amor de Deus alcançou aquele coração nessa mesma tarde, e ele comovido até as lágrimas, atendeu ao apelo. Foi chorando que João Peixeiro disse que queria aceitar a Cristo como Salvador e mudar a sua vida. Logo os crentes o cercaram de atenção e ali mesmo ele foi doutrinado sobre a excelência da salvação.

Agora João Peixeiro era uma nova criatura. Tal qual Nicodemos, ele recebeu a lição de Jesus: "Importa nascer de novo..." João tinha nascido de novo.

Embora bêbedo, encaminhou-se para casa. Sua mulher e filhos, quando notaram aquela figura conhecida preparavam-se para os acontecimentos costumeiros: correria das crianças e a paciência da mulher. Mas um fato novo aconteceu. Agora João percebeu esses detalhes, pois não era o mesmo João que vinha ao encontro da família; era o João nova criatura; era o João, o crente em Jesus. Ele começou a gritar de longe:

– Não corram, meninos, não fujam, não se escondam! Não é mais o João cachaceiro que está se aproximando. O velho João morreu. Eu agora sou nova criatura. Sim. Não corram. Eu sou o novo João!

"Assim que, se alguém está em Cristo, nova criatura é: as coisas velhas já passaram; eis que tudo se fez novo" (2 Co 5.17).

O NAVIO CONSERTADO

Nós, os crentes, gostamos de pregar o Evangelho, mas não temos o devido cuidado com os novos convertidos. É comum vermos pessoas sem doutrina nas igrejas, e isso nos faz lembrar os navios que vêm para o cais avariados. Eles são rebocados para o estaleiro e precisam ser consertados, para então navegarem satisfatoriamente.

O novo convertido é como o navio avariado: a doutrina opera nele como o conserto opera no navio. Bom concerto – boa navegação; boa doutrina – boa vida cristã.

"Como nada, que útil seja, deixei de vos anunciar, e ensinar publicamente e pelas casas" (At 20.20).

A SENSATEZ DE UM ARMADOR

Certo armador inglês foi abordado por um pregador que lhe pedira auxílio para uma obra de responsabilidade. Recebeu o solicitante um cheque de 200 libras e já se ia afastando quando entrou um mensageiro anunciando que um dos seus navios estava pegando fogo:

Apressadamente, o armador manda chamar de volta o crente, toma-lhe o cheque de 200 libras e lhe oferece um de 1.000, dizendo: "Lembrei-me da Palavra de Deus que disse que é louco aquele que ajunta tesouros na terra e não é rico para com Deus.

"...E direi à minha alma: Alma, tens em depósito muitos bens para muitos anos; descansa, come, bebe, e folga. Mas Deus lhe disse: Louco, esta noite te pedirão a tua alma; e o que tens preparado para quem será?..." (Lc 12.19-21).

A LEPRA DEVASTADORA

Conta-se que Stanley Jones, visitando um leprosário, viu um crente deformado pela doença, o qual, com apenas um dedo na mão esquerda, ainda esboçava o som de um hino conhecido, ao violino. Admirado dirigiu-se àquele homem e ouviu de sua boca que dava graças a Deus pela oportunidade de ainda ter um dedo para tocar!

"Em tudo dai graças, porque esta é a vontade de Deus em Cristo Jesus" (1 Ts 5.18).

CONVERTEU-SE POR SE TER ENGANADO DE ENDEREÇO

O pastor de uma Igreja Evangélica, ex-padre, contava como tinha acontecido a sua conversão a Jesus:

Quando padre, na cidade de São Paulo, fora chamado para "encomendar" um corpo de pessoa católica em determinada rua da cidade. Subindo a rua, na primeira casa que viu um ajuntamento de pessoas, sem prestar atenção ao número do prédio, foi entrando. Começou a se preparar para fazer o seu trabalho. No entanto, tudo ali era diferente. Ninguém estava chorando, cantavam hinos de louvor a Deus, enquanto prestavam a última homenagem ao morto. Alguém se aproximou do padre e disse:

- Seu vigário, não teria havido engano? nós somos crentes!

- Mas eu fui chamado, respondeu o padre.

- O senhor deve estar enganado. Deve ser logo acima onde há um outro morto.

O padre para lá se dirigiu. Ao chegar percebeu muito choro, lamentação, gritos de desespero... Foi então que notou uma grande diferença no modo de encarar a morte entre um grupo e outro. Procurando saber a razão dessa confiança, ele se converteu e tornou-se um grande obreiro até que foi chamado à Glória.

"Bem-aventurados os mortos que desde agora morrem no Senhor". "Mas de ambos os lados estou em aperto, tendo desejo de partir, e estar com Cristo, porque isto é ainda muito melhor" (Ap 14.13b; Fp 1.23).

MOODY, O HOMEM DE POUCA GRAMÁTICA

Moody foi criticado:

- O senhor fala mal, conhece pouco a gramática, deveria calar-se e não tentar ser um grande pregador.

- Sei que tenho pouca instrução e nenhum conhecimento de gramática, mas faço o que posso a serviço do meu

Senhor. Você que conhece tanta gramática e tem tantos outros conhecimentos, o que é que faz?

Moody morreu deixando um rastro de luz. O outro ninguém sabe quem foi!...

"Tendo pouca força, guardaste a minha palavra, e não negaste o meu nome". "Bem está, bom e fiel servo. Sobre o pouco foste fiel, sobre muito te colocarei: entra no gozo do teu Senhor" (Ap 3.8b; Mt 25.23).

O FOGO NO CANAVIAL

Um crente tinha uma grande plantação de cana. Horrorizado, viu o fogo devorador que, partindo do lado dos vizinhos, ameaçava o seu canavial. O primeiro ato daquele servo de Deus foi ajoelhar-se e permanecer ali, horas em oração. O fogo continuava o seu caminho, indiferente. Quando atingiu o limite das plantações, milagrosamente o vento mudou de direção, soprando para o lado de onde viera, e nada mais tendo para queimar, extinguiu-se sozinho o fogo.

"Jesus, porém, respondendo, disse-lhes: Em verdade vos digo que, se tiverdes fé e não duvidardes... se a este monte disserdes: Ergue-te e precipita-te no mar, assim será feito; e tudo o que pedirdes na oração, crendo, o recebereis" (Mt 21.21,22).

A MULHER PREFERIA OS BAILES

Certo cidadão do interior ouviu uma pregação e aceitou a Jesus como seu Salvador. Levou as boas-novas para casa, porém os filhos e a mulher não quiseram aceitar.

– Não vou deixar meus bailes e a minha vida por causa do seu Cristo, disse a mulher.

O tempo foi passando. Aos domingos, de manhã, o crente ia para a Escola Dominical; a mulher e os filhos ficavam descansando, recuperando as forças perdidas nos bailes.

Num sábado, havia uma festa na igreja. O marido foi para lá e a mulher e os filhos foram para o baile. Quando o crente voltou, estudou a sua lição e foi dormir. Acordou bem de madrugada com os gritos desesperados da mulher.

É que o filho caçula tinha se desentendido com um homem e durante a discussão fora assassinado.

"Não vos enganeis: de Deus não se zomba, pois aquilo que o homem semear, isto também ceifará" (Gl 6.7).

MINHA PREOCUPAÇÃO

Mark Twain, grande pensador americano, não era crente, mas costumava dizer:

– Muita gente se preocupa com textos da Bíblia que não compreendem, mas eu me preocupo com os que compreendo.

"E, acercando-se dele os discípulos, disseram-lhe: Por que lhes falas por parábolas? Ele, respondendo, disse-lhes: Porque a vós é dado conhecer os mistérios do reino dos céus, mas a eles não lhes é dado. Porque àquele que tem, se dará, e terá em abundância; mas àquele que não tem, até aquilo que tem lhe será tirado" (Mt 13.10-12).

RECUSOU O PERDÃO

Um moço cometeu um grande crime e foi condenado à morte, pelo que revoltou-se contra tudo e contra todos. Não recebia as visitas, não queria falar com ninguém, nem mesmo com a sua própria mãe.

Por outro lado, sua mãe não se cansava de lutar para conseguir a comutação da pena. Falou com todas as autoridades e finalmente foi ao governador. A pena foi comutada.

Aquela pobre mulher saiu radiante de alegria. Foi levar a notícia ao filho condenado. Exultava pelo caminho. Agora ela tinha a solução para o grave perigo que ameaçava o rapaz.

Mas que decepção!... Nem para receber aquela boa notícia que ele ignorava, quis receber a pobre mulher. Assim, morreu, sem saber que o governador o perdoara.

"Lançai de vós todas as vossas transgressões com que transgredistes, e criai em vós um coração novo e um espírito novo; pois por que razão morreríeis, ó casa de Israel? Porque não tomo prazer na morte do que morre, diz o Senhor Jeová; convertei-vos, pois, e vivei!" (Ez 18.31,32).

UM CRENTE QUE FURTOU

Não resistindo à pressão das dificuldades e ganhando o insuficiente para manter a família, um operário foi tentado a furtar mercadorias de uma fábrica onde trabalhava. Levou para casa, dentro da marmita, algumas peças que poderia vender por preço razoável. Mas "o travesseiro que é bom conselheiro", não o deixou dormir. Na vigília, ouvia a voz do porteiro que lhe dissera:

– "Não precisa abrir o seu embrulho. Você é crente e eu conheço bem os crentes".

Resolveu devolver no dia seguinte as peças furtadas, custasse o que custasse.

No outro dia, conforme planejara, procurou o chefe da seção e confessou a sua falta e devolveu o produto. O chefe estranhou tal atitude e disse:

– Mas aqui todo mundo faz isso!

– Eu não me importo com que os outros fazem – respondeu o moço. – Importo-me com Deus que está nos céus e tudo vê e tudo sabe.

"Tendo uma boa consciência, para que, naquilo em que falam mal de vós, como de malfeitores, fiquem confundidos os que blasfemam do vosso bom porte em Cristo" (1 Pe 3.16).

LÁ VAI UM BOBO

Certo pastor contava a história de sua conversão. Ele era um jovem bebedor de cachaça, em uma cidade do interior de Minas. Um dia estava sentado num botequim com um colega de copo. Era domingo pela manhã. Num momento passou um homem trajando paletó e gravata, com a sua Bíblia debaixo do braço. Um seu amigo comentou:

– Lá vai um bobo!...

O alcoólatra meditou por um minuto e respondeu:

– Bobos somos nós que estamos aqui gastando nosso tempo e dinheiro para arruinar a nossa saúde, sem proveito. Esse homem, ao contrário, é um sábio. Ele está indo à igreja, a fim de aprender muitas coisas interessantes para a vida.

Imediatamente levantou-se e foi a uma igreja evangélica. Voltou para o culto à noite e aceitou a Cristo como Senhor e Salvador. Com pouco tempo batizou-se, e foi chamado para o ministério. Hoje é um atuante e conceituado pastor.

"E que fruto tínheis então das coisas de que agora vos envergonhais? Porque o fim delas é a morte. Mas agora, libertados do pecado, e feitos servos de Deus, tendes o vosso fruto para santificação, e por fim a vida eterna. Porque o salário do pecado é a morte, mas o dom gratuito de Deus é a vida eterna, por Cristo Jesus, nosso Senhor" (Rm 6.21-23).

MORREU NO LUGAR DO ADVOGADO

Em Ricardo de Albuquerque, bairro do Rio de Janeiro, próximo à ferrovia, está localizada uma guarnição do Corpo de Bombeiros. É caminho obrigatório dos advogados que moram na cidade e militam no foro das cidades vizinhas como Nilópolis, Nova Iguaçu, etc.

Um colega nosso, no desempenho de sua função profissional, se dirigia a Nova Iguaçu e parou o seu carro num sinal luminoso, próximo ao Quartel dos Bombeiros. Um marginal assaltou-o, abriu a porta do carro e se assustou com um movimento inesperado do advogado. Em socorro do assaltado veio um jovem oficial bombeiro, e recebeu no coração uma punhalada que se destinava ao causídico. Com isso o oficial morreu no lugar do advogado. Segundo confessa o advogado, esse quadro e esse reconhecimento não saem de sua mente. Conta a sua triste história em lágrimas:

– Ele morreu em meu lugar! Ele morreu em meu lugar!

"Ele foi oprimido, mas não abriu a sua boca; como cordeiro foi levado ao matadouro, e, como a ovelha muda perante os seus tosquiadores, ele não abriu a sua boca. Da opressão e do juízo foi tirado; e quem contará o tempo da sua vida? Porquanto foi cortado da terra dos viventes; pela transgressão do meu povo foi ele atingido. E puseram a sua sepultura com os ímpios, e com o rico na sua morte; porquanto nunca fez injustiça, nem houve engano na sua boca" (Is 53.7-9).

O ARDOR DE ALEXANDRE DUFF

O missionário escocês na Índia, Alexandre Duff, regressou à sua pátria para morrer lá, depois de uma árdua luta. Em uma reunião em sua igreja, pregava, e apelava aos seus patrícios que se apresentassem para o prosseguimento da obra. Ninguém atendia ao seu apelo. Insistia. Nada. Empolgado, desmaiou e foi levado para fora. O médico que o atendeu examinava o seu coração, quando repentinamente, Alexandre abriu os olhos, dizendo:

- Eu preciso voltar ao púlpito. Preciso continuar o apelo.

- Fique calmo - aconselhou o médico. O seu coração está muito fraco.

Mas o velho missionário não se conformou. Voltou ao púlpito e continuou o apelo:

- Quando a rainha Vitória convidou voluntários, centenas de jovens se apresentaram. Mas quando o rei Jesus chama, ninguém quer atender. Será que a Escócia não tem mais filhos para atender ao apelo da Índia? - frisou ele.

Esperou um pouco em silêncio e não houve resposta. Depois disse:

- Muito bem. Se a Escócia não tem mais jovens para enviar para a Índia, eu mesmo irei novamente, para que o povo dali saiba que pelo menos um escocês ainda se preocupa com eles.

Quando o veterano soldado de Cristo deixou o púlpito, o silêncio foi quebrado por uma multidão de jovens que se apresentaram:

- Eu vou! Eu vou! Eu vou!

Depois do falecimento de Duff, muitos daqueles jovens foram para a Índia, dedicando suas vidas à obra missionária.

"Rogai pois ao Senhor da seara que mande ceifeiros para a sua seara" (Mt 9.38).

SOLDADOS NA ILHA EVANGELIZADA

Na guerra tudo que é ruim pode acontecer. Tudo é imprevisível e sempre se espera o pior.

Soldados americanos (náufragos), na II Guerra Mundial chegaram a uma ilha do Pacífico. O noticiário era apreensivo e deixava transparecer o grande perigo que os cercava, pois o lugar era tido como habitado por canibais. Felizmente para os soldados, alguns anos antes, missionários tinham chegado àquela ilha pregando o Evangelho. Muitos se converteram e os que não foram alcançados pela graça deixaram aquele bárbaro costume.

Os soldados foram assim salvos pelos crentes que tiveram a coragem de seguir as ordens do Senhor Jesus. Uns plantaram a boa semente, outros colheram o fruto maravilhoso.

"Finalmente apareceu aos onze, e disse-lhes: Ide por todo o mundo, pregai o evangelho a toda a criatura. Quem crer e for batizado será salvo, mas quem não crer será condenado" (Mc 16.14a,15,16).

ORAR AQUI MESMO

Numa das viagens de Moody, da América para a Europa, irrompeu um incêndio no navio. Os passageiros formaram fila passando de mão em mão os baldes cheios de água. Alguém lembrou-se de convidar o homem de Deus a se afastarem para oração, ao que ele respondeu:

– Vamos orar aqui mesmo, enquanto ajudamos a carregar os baldes de água.

"E sucedeu que, ouvindo os nossos inimigos que já o sabíamos, e que Deus tinha dissipado o conselho deles, todos voltamos ao muro, cada um à sua obra. E sucedeu que desde aquele dia metade dos meus moços trabalhava na obra, e a outra metade deles tinha as lanças, os escudos, e as couraças; e os chefes estavam por detrás de toda a casa de Judá" (Ne 4.15,16).

OU DÊ BOM TESTEMUNHO OU MUDE O SEU NOME

Alexandre, o grande conquistador, tomou conhecimento de que havia em um regimento, um soldado de mau caráter. Relaxado, preguiçoso! era o tipo do indesejável.

Motivo de grave falta disciplinar fê-lo vir à presença do grande general. Quando soube que o soldado também se chamava Alexandre, foi lacônico:

– "Ou mude a sua conduta, ou mude o seu nome!"

"Mais digno de ser escolhido é o bom nome do que as muitas riquezas; e a graça é melhor do que a riqueza e o ouro" (Pv 22.1).

O MAU HÁBITO DE DESOBEDECER AOS AVISOS

Viajando pelas estradas, encontramos, às vezes, sinais de mãos perversas que mudam a indicação das setas, fazendo-as indicar caminho errado. Isso faz com que o viajante fique em dúvida quanto à obediência cega e indiscriminada dos sinais indicativos, o que não raramente traz graves conseqüências.

Por ocasião das grandes chuvas da década 60/70, algumas pontes foram arrastadas pelo temporal. Uma rodovia de muito movimento, numa noite tormentosa, oferecia grande perigo. Uma ponte caíra e os veículos que vinham, iam caindo um a um e sendo levados pela correnteza do rio.

Um cidadão que morava nas imediações, ouvindo a notícia e percebendo o desastre da ponte caída, postou-se à beira da estrada e agitava nervosamente um pano com a intenção de parar os carros. Mas eles não obedeciam ao sinal: Iam caindo, um a um, no caudaloso rio.

"E o Senhor Deus... lhes enviou a sua Palavra pelos seus mensageiros... porém zombaram dos mensageiros e desprezaram as suas palavras... até que o furor do Senhor subiu tanto contra o seu povo, que mais nenhum remédio houve" (2 Cr 36.15,16).

O FERREIRO MISSIONÁRIO

Um ferreiro estava cantando a plenos pulmões ao ritmo do martelo, com cujas pancadas moldava uma peça na bigorna.

– Por que está tão alegre, irmão? – perguntou-lhe alguém.

– É que estou pregando o Evangelho em Portugal.

– O senhor está brincando.

– Não é pilhéria, meu irmão. A minha igreja sustenta um missionário em Portugal e eu vou cooperar com o produto do meu trabalho de hoje – confirmou sorridente.

"E rogamo-vos, irmãos, que reconheçais os que trabalham entre vós e que presidem sobre vós no Senhor, e vos admoestam. E que os tenhais em grande estima e amor, por causa da sua obra..." (1 Ts 5.12,13).

ESTRADAS BOAS PARA OS MISSIONÁRIOS

David Livingstone recebeu uma carta de certa Sociedade Missionária, perguntando se havia boas estradas para o interior da África. – "É que queremos mandar outros missionários para ajudá-lo" – escreviam.

A resposta veio prontamente:

– Se há pessoas prontas para vir somente se houver estradas boas, não quero que venham. Eu quero homens que venham mesmo que não haja nenhuma estrada...

"Depois disto ouvi a voz do Senhor, que dizia: A quem enviarei, e quem há de ir por nós? Então disse eu: Eis-me aqui, envia-me a mim" (Is 6.8).

O PODER DA ORAÇÃO

O missionário médico, Albert Widmer, de Missões Cristãs, em Ubatuba, São Paulo, esteve perdido em espessa floresta durante cinco dias, e o Senhor lhe indicou o caminho de volta, apesar de todas as dificuldades. São suas as palavras abaixo:

"Viajávamos a cavalo através duma região quase desabitada, no vasto interior do Continente Sul-Americano, região habitada por índios selvagens... atravessamos densas florestas e tivemos de passar a vau vários rios... as noites escuras passavamo-las debaixo de frondosas árvores, expostos aos insetos nocivos e ao perigo de animais ferozes e índios selvagens...

"Sempre nos levantávamos antes da aurora. Após um chá quente e umas bolachas secas, montávamos a cavalo e prosseguíamos... passávamos dias sem encontrar um riacho. Para suprir parte de nossa refeição, tratávamos de caçar pássaros.

"Certa ocasião avistamos um bando de belíssimos pássaros brancos. Como eles se afastassem, segui-os, penetrando na selva. Acertei por fim um belo exemplar, mas a ave, ainda que mortalmente ferida, prosseguia avançando; sem demora fui atrás dela.

"Não notei que já era hora de anoitecer; naquela zona equatorial escurece em poucos instantes e, quando tratei de regressar para junto dos meus companheiros, uma escuridão impenetrável envolvia a floresta. Não havia outro recurso senão trepar numa árvore alta para ver se podia enxergar o fogo do acampamento. Para completar a minha angústia, começou a chover... nada podia ver... tampouco veio a resposta aos meus gritos..."

O missionário continua contando a sua desdita. Dificuldades de orientação por falta do sol, dificuldades de alimentação, sede, fome e frio. Temores durante cinco dias de sofrimentos inenarráveis. Orou ao Senhor.

"Deus não haveria de abandonar-me, disto estava absolutamente convencido. O mesmo Deus que guiou os israelitas pelo deserto da Arábia, podia guiar-me para fora desta selva secular.

"Ouvi o ruído de água e com dificuldade consegui chegar a um rio, certamente um afluente do majestoso Mamoré. Durante horas segui os barrancos do rio desconhecido, infestado de jacarés que se estendiam no lodo...

"De repente, ouvi o relinchar de um cavalo... e antes que se fechassem a sexta noite perdido, achava-me sentado junto aos meus amigos, ao redor do fogo do acampamento.

"Com lágrimas nos olhos dávamos graças a Deus pela sua bondade e por ter protegido a minha vida..."

É o poder da oração!...

"E eu vos digo a vós: Pedi, e dar-se-vos-á; buscai, e achareis; batei, e abrir-se-vos-á; porque qualquer que pede recebe; e quem buscar acha; e a quem bate abrir-se-lhe-á" (Lc 11.9,10)

MÉDICO NÃO SOCORREU SEU PRÓPRIO FILHO

Um médico foi solicitado, na rua, a atender a um caso de atropelamento. Apesar da urgência, o médico negou-se a atender. Alguns minutos depois de estar em seu posto, no hospital, chega o acidentado que ele deixara de socorrer: era o seu próprio filho e estava à morte!

"E não nos cansemos de fazer o bem, porque a seu tempo ceifaremos, se não houvermos desfalecido" (Gl 6.9).

MARAVILHOSO AVIVAMENTO NA MORÁVIA

Um dos maiores avivamentos espirituais da história da Igreja começou num ensaio de um coro infantil. Como é comum numa reunião de crianças, elas estavam irriquietas: não queriam obedecer ao regente. Em determinado momento, um incidente se verificou: Sentiram algo diferente, como a presença de alguém. O dirigente começou a chorar. As crianças espantadas, ficaram em profundo silêncio. "Um sentimento de convicção de pecado tomou conta de todos e, uma a uma, as crianças confessaram seus pecados de desobediência.

O tempo foi passando...

Os pais, aflitos pela ausência dos filhos, dirigiram-se à igreja e, à medida que iam chegando, iam sendo "cativados pelo mesmo sentimento", todos, com uma profunda convicção de pecados.

Desse evento nasceu uma reunião de oração que durou cem anos, e um trabalho missionário como nunca antes visto.

"E há de ser que, depois, derramarei o meu Espírito sobre toda a carne, e vossos filhos e vossas filhas profetizarão, os vossos velhos terão sonhos, os vossos mancebos terão visões. E também sobre os servos e sobre as servas naqueles dias, derramarei o meu Espírito" (Jl 2.28,29).

VALE A PENA INSISTIR

Pregávamos numa manhã de domingo no culto da Escola Dominical, no município de Nova Iguaçu - RJ. Tínhamos como visitante de primeira vez uma jovem de 14 anos, e, no final do culto, ela se dirigiu a mim, com muito desembaraço, dizendo que tinha gostado da reunião e que queria aceitar a Cristo como Salvador; e desejava que sua família toda fosse crente também. Continuou:

- Minha mãe toma conta de uma casa e lá se reúne um grupo de pessoas de um Centro Espírita. Acho que vai ser difícil minha mãe aceitar.

- Podemos ir lá hoje à tarde, fazer uma pregação? - atalhei.

- Não adianta o senhor ir. Ela não vai deixar entrar.

- Podemos experimentar? - tornei a perguntar.

Tudo combinado, marcamos um encontro para as quinze horas, e lá chegamos à hora certa.

Batemos palmas. A jovem veio nos atender com recado da mãe:

- Podem entrar, mas não podem demorar muito.

Cumprimentamos aquela senhora de fisionomia cansada, sentada em uma cadeira, imobilizada pela doença.

Começamos a pregação com a leitura de Marcos 2.3: "...trouxeram-lhe um paralítico carregado por quatro pessoas..." Em seguida o irmão Raimundo cantou um belo hino com aquela voz bonita que Deus lhe deu. A pobre paralítica não resistiu ao impulso do Espírito Santo de Deus, e chorando lágrimas quentes de arrependimento de seus pecados, fez alegremente a sua decisão ao lado de Jesus. Glória a Deus!

"Conjuro-te pois diante de Deus, e do Senhor Jesus Cristo... que pregues a palavra, instes, a tempo e fora de tempo..." (2 Tm 4.1,2).

A MAIOR DÁDIVA

Um missionário na Índia, depois do culto, pediu a todos os seus congregados que contribuíssem com alguma coisa para a construção de um templo. Na reunião seguinte, cada um trouxe uma coisa: pedras, madeiras, pregos, etc. Uma velha senhora de cor negra veio à frente e, reverentemente, depositou a sua oferta em dinheiro. Era uma oferta de grande valor. O missionário estranhou que ela, pobre, sem posses, depositasse ali uma oferta tão generosa.

Procurou-a depois do culto e perguntou como tinha conseguido tanto dinheiro. Então ela respondeu:

– Ah! pastor... eu não tinha nada para dar; não tinha nada para vender... vendi-me a mim mesma! Agora sou escrava, mas o meu coração continua livre para adorar o Senhor.

"E [Jesus], *chamando os seus discípulos, disse-lhes: Em verdade vos digo que esta pobre viúva deitou mais do que todos os que deitaram na arca do tesouro; porque todos ali deitaram do que lhes sobejava, mas esta, de sua pobreza, deitou tudo o que tinha, todo o seu sustento"* (Mc 12.43,44).

O SENHOR É QUEM TE GUARDA

Culto e santo foi J. W. Bashfor, que se deleitava em servir ao seu Mestre onde quer que o dever o chamasse. Por isso, depois de haver servido a uma grande congregação como pastor e também a uma grande universidade, como presidente, deixou tudo e foi para a China. Ali fazia jornadas longas e difíceis, e, muitas vezes, perigosas.

Um incidente em sua vida indica a fonte de sua força:

Chegou certa noite a uma aldeia e achou o hotel já todo ocupado. O hoteleiro, entretanto, ofereceu-lhe uma cama-de-vento e lhe deu licença para dormir debaixo das árvores. Avisaram-lhe, porém, que havia ladrões por ali.

Ficando acordado por algum tempo, pensava nestas palavras: "...aquele que guarda Israel, nem cochila nem dorme. Jeová é quem te guarda" (Sl 121). Então orou: – "Bendito Senhor, não há necessidade de nós ambos ficarmos acordados", e dormiu em seguida.

No outro dia, ao acordar, viu um homem perto dele, em pé: um chinês que nem era cristão o havia guardado durante toda a noite.

"O Senhor é quem te guarda; o Senhor é a tua sombra à tua direita. O sol não te molestará de dia nem a lua de noite. O Senhor te guardará de todo o mal; Ele guardará a tua alma. O Senhor guardará a tua entrada e a tua saída, desde agora e para sempre" (Sl 121.5-8).

UM PRESENTE IMERECIDO

Um professor sentiu a falta de um menino humilde que vinha freqüentando a Escola Dominical. Agora, estava faltando há três domingos consecutivos. Com grande esforço, descobriu o endereço do menino no alto de um morro. Era um lugar de difícil acesso. Foi perguntando, perguntando, mas, quando descobriu a casa, recebeu uma pedrada no rosto.

Machucado, sangrando, desceu o morro, fez curativo e comprou de presente para o garotinho uma roupa, um brinquedo e voltou lá em cima. Deixou o presente, reforçou o convite para ir à Escola Dominical e partiu.

No dia seguinte, alguém bate à porta. O professor veio atender e ali estava um homem com um garotinho, o seu aluno, com o presente na mão.

– Professor, viemos devolver o presente que o senhor deixou. O menino não merece. Sabe quem foi que atirou a pedra no senhor? Foi ele. Ele não merece o presente.

A essa altura dos acontecimentos o garotinho já estava chorando. O professor perguntou-lhe:

– Mas você não gostou do presente?

– Gostei sim, mas não mereço.

– Você não precisa do presente?

– Preciso sim, mas não mereço.

– Mas eu dei esse presente a você, não porque você o mereça, mas porque você precisa dele.

"Porque se nós, sendo inimigos, fomos reconciliados com Deus pela morte de seu Filho, muito mais, estando já reconciliados seremos salvos pela sua vida. E não somente isto, mas também nos gloriamos em Deus, por nosso Senhor Jesus Cristo, pelo qual agora alcançamos a reconciliação" (Rm 5.10,11).

VOLTAREI NO PRÓXIMO OUTONO

Certo jovem partiu para uma longa viagem, deixando em casa seu filhinho inconformado com isso. O menino perguntava à mãe insistentemente quando aconteceria o retorno, pois o pai havia dito simplesmente:

- Voltarei no próximo outono.

O filho era uma inocente criança, mas já sabia distinguir bem as estações do ano, que são bem definidas na Europa. Ele sabia que no outono caem as folhas amarelecidas das árvores e, por isso, vigiava constantemente.

A mãe sabia que o filhinho estava contando os dias do retorno do pai, de quem também já sentia muita falta. Todas as manhãs corria à janela a observar a mudança do tempo. Um dia ele percebeu:

- Mamãe, vejo que as folhas das árvores começam a amarelar; será que está próximo o outono?

- Sim meu filho, o outono está próximo.

O menino exultou de alegria. Queria preparar-se para receber o pai, e começou a tomar todas as providências.

- Quero que ele veja como esperei ansioso pelo seu regresso - dizia.

"Então aparecerá no céu o sinal do Filho do homem; e todas as tribos da terra se lamentarão, e verão o Filho do homem vindo com poder e grande glória. E ele enviará os seus anjos com rijo clamor de trombeta, os quais ajuntarão os seus escolhidos desde os quatro ventos, de uma a outra extremidade dos céus. Aprendei pois esta parábola da figueira: Quando já os seus ramos se tornam tenros e brotam folhas, sabeis que está próximo o verão" (Mt 24.30-32).

A PROFESSORA DE CALAGHAN

Quase todas as pessoas guardam boa recordação da infância, e geralmente é a idade escolar que mais deixa marcas. E quantos de nós devemos aos nossos primeiros professores o bom rumo da vida!

O menino James Calaghan tivera uma professora de Escola Dominical. Feito homem e enveredando na política, depois de eleito Primeiro Ministro do Governo Britânico, "teria manifestado intenso desejo de se encontrar com ela". Com a ajuda da imprensa, conseguiu localizar "aquela humilde professora que tinha ajudado o menino Calaghan a aspirar ao cargo de Primeiro Ministro". Recordou-se ela do tempo e até da igreja onde se deu a experiência de Calaghan.

Benditos os humildes professores das Escolas Dominicais que se desempenham bem desta grande responsabilidade que têm, e principalmente os que trabalham com crianças.

"Tu, porém, permanece naquilo que aprendeste, e de que foste inteirado, sabendo de quem o tens aprendido. E que desde a tua meninice sabes as sagradas letras que podem fazer-te sábio para a salvação, pela fé que há em Cristo Jesus" (2 Tm 3.14,15).

SÓ CEM CRUZEIROS?

Verinha, com seus quatro aninhos, ia para a igreja segura pela mão da vovó. Um dia, durante o trajeto, encontrou uma nota de mil cruzeiros. Aos olhos de Verinha era uma importância considerável, mas a primeira coisa que lhe ocorreu foi o dízimo:

- Vovó, quanto é o dízimo desta nota?

- Bem, - disse a vovó - essa é uma nota de mil cruzeiros. O dízimo de mil cruzeiros é cem cruzeiros.

Verinha ficou admirada.

- Só cem cruzeiros, vovó?...

"Também todas as dízimas do campo, da semente do campo, do fruto das árvores, são do Senhor: santas são ao Senhor" (Lv 27.30).

O PENTECOSTE DOS MORAVIANOS

O Conde Zinzendorf tinha 27 anos de idade quando passou por uma experiência extraordinária, fruto de sua vida consagrada à oração.

Os moravianos são descendentes espirituais do famoso reformador João Huss, e eram conhecidos pelo nome de "Os Irmãos". Muitos, para fugir à sanha dos perseguidores, refugiavam-se na Alemanha e na Saxônia, e encontravam asilo nas propriedades do Conde. Ali se reuniam os crentes de diversas correntes evangélicas: batistas, luteranos, "os irmãos", etc.

"Os irmãos" formavam um grupo de mais ou menos 300 pessoas.

A princípio, como era de se esperar, as questões doutrinárias não os deixavam em paz: o batismo, a predestinação, a santidade, e tantas outras... Esse fato deixou seriamente preocupado o jovem Conde.

Além do aconselhamento de líder do grupo, passou a dedicar-se seriamente à oração.

Nas memórias dos moravianos se diz que no dia 16 de julho de 1727 o Conde orou com tanto fervor e lágrimas, que foi o princípio das maravilhas ali operadas por Deus. Fizeram, então, os componentes do grupo, um pacto de se reunirem muitas vezes em Hutberg, a fim de orarem. Mas no dia 13 de agosto foi que aconteceu "O Pentecoste dos Moravianos". Um dos seus historiadores assim descreve:

"Vimos a mão de Deus e as suas maravilhas, e todos estiveram sob a nuvem de nossos pais, e fomos batizados com o Espírito Santo".

A partir daí, as missões moravianas se estenderam por todo o mundo. O historiador, doutor Werneck, diz:

"Esta pequena igreja, em vinte anos, trouxe à existência mais missões evangélicas do que qualquer outro grupo evangélico o fez em dois séculos".

"E há de ser que, depois, derramarei o meu Espírito sobre toda a carne, e vossos filhos e vossas filhas profetizarão, os vossos velhos terão sonhos, os vossos mancebos terão visões. E também sobre os servos e sobre as servas naqueles dias derramarei o meu Espírito. E mostrarei prodígios no céu, e na terra, sangue e fogo, e colunas de fumo" (Jl 2.28-30).

O AFUNDAMENTO DO TITANIC

Na noite de 14 para 15 de abril de 1912, Deus respondeu ao desafio de homens néscios que construíram uma das maravilhas da engenharia naval: *O Titanic*. Acomodaram-se turistas de várias nacionalidades naquela travessia incomum. Todos sabiam que os engenheiros haviam dito: "Nem Deus pode afundar este navio".

Transcorria a noite na maior alegria. Repentinamente, há um aviso para o comandante do navio:

– "Perigo nas proximidades do navio... mude a rota..."

Veio a resposta orgulhosa:

– *"O Titanic* é insubmergível, estamos abrigados, aqui nem Deus pode nos atingir".

Atingido por enorme bloco de gelo, *o Titanic* desapareceu rapidamente, levando em seu bojo milhares de vidas!...

"Uns confiam em carros e outros em cavalos, mas nós faremos menção do nome do Senhor nosso Deus" (Sl 20.7).

OS ENGENHEIROS CELESTES CONSTRUÍRAM UMA PONTE

Certo missionário voltava de férias de um acampamento e tinha pressa de chegar ao seu destino. Em determinado momento, porém, precisava atravessar um rio que na ocasião estava cheio demais, transbordante. Nenhum barco ali tinha capacidade de fazer a travessia.

O missionário e seu pequeno grupo ajoelharam-se e começaram a orar. Aos olhos dos não-crentes isto parecia loucura. – Como poderia Deus transportá-los para o outro lado do rio?

Enquanto oravam, uma imensa árvore ribeirinha que resistia aos temporais de tantos anos, repentinamente começou a balançar e caiu. Caiu tombando justamente atravessada, cruzando o rio até a outra margem. Todos os crentes ficaram felizes. O missionário arrematou:

– Os engenheiros celestes construíram uma ponte para os servos de Deus.

"E Jesus, respondendo, disse-lhes: Tende fé em Deus; porque em verdade vos digo que qualquer que disser a este monte: Ergue-te e lança-te no mar; e não duvidar em seu coração, mas crer que se fará aquilo que diz, tudo o que disser lhe será feito. Por isso vos digo que tudo o que pedirdes, orando, crede que o recebereis, e tê-lo-eis" (Mc 11.22-24).

O SOCORRO NOS VEM DO SENHOR

Faziam parte da missão evangélica americana em Shenkiu, a irmã Margareth Hillis, o missionário Dick

Hillis e dois filhinhos de ano e meio e de dois meses. Transcorria inclemente a guerra contra o Japão.

Uma tarde, na ausência de Dick, um mensageiro anuncia a aproximação das tropas japonesas.

– Todos precisam fugir – anuncia. – A senhora deve também procurar refúgio imediatamente nas aldeias rurais.

Margareth agradeceu o bondoso aviso, mas decidiu ficar. Em primeiro lugar, porque seu marido estava ausente e haveria um sério desencontro; também porque não quis submeter-se com as crianças às vicissitudes dos fugitivos, mas, principalmente, porque confiava em Deus.

Na parte da tarde desse dia, a cidade ficou desguarnecida, pois o próprio exército chinês recuara. Os presbíteros da igreja partiram e suplicaram a Margareth que os acompanhasse.

– Agradeço, irmãos, o cuidado, mas vou esperar a volta do meu marido. (Estavam a 15 de janeiro e ele prometera voltar no princípio de fevereiro.)

Margareth olhou a folhinha pendurada na parede. A do dia 15 ainda estava ali. Arrancou-a e no verso tinha uma mensagem: "Em ti, pois, confiam os que conhecem o teu nome, porque tu, Senhor, não desamparas os que te buscam" (Sl 9.10). Nos dias seguintes, e, sucessivamente, foi destacando a folhinha: "Em me vindo o temor, hei de confiar em ti" (Sl 56.3).

Com o passar do tempo, Margareth começou a pensar se tinha tomado uma decisão errada ficando para trás. Até o empregado que ordenhava as cabras tinha partido sem avisar, mas no dia seguinte, destacando o calendário, encontrou outra mensagem de confiança: "Eu vos sustentarei a vós outros e a vossos filhos" (Gn 50.21). Naquela mesma tarde, alguém bateu ao portão. Foi atender preocupada, pensando que eram soldados inimigos. Era um velho conhecido que trazia frangos e ovos. Era o cumprimento da promessa da Palavra de Deus impressa no calendário.

Ainda uma vez Margareth destacou a folhinha: "No dia em que eu te invocar, baterão em retirada os meus inimigos: bem sei isto, que Deus é por mim" (Sl 56.9).

Desta vez Margareth teve dificuldades em crer na promessa de Deus. Ouvia-se o barulho das armas pesadas que se aproximavam, e foi-se deitar completamente vestida. Ao amanhecer do dia seguinte, aproxima-se do portão um mensageiro dando a boa notícia:

Os japoneses tinham retirado suas tropas!...

– É incrível – dizia Margareth! – como Deus tem cuidados especiais para com os seus servos. Ele mesmo determinou a impressão de tão grandes mensagens naquele calendário que foi feito com um ano de antecedência.

"Quando eu a ti clamar, então retrocederão os meus inimigos; isto sei eu, porque Deus está comigo. Em Deus louvarei a sua palavra; no Senhor louvarei a sua palavra. Em Deus tenho posto a minha confiança; não temerei o que me possa fazer o homem" (Sl 56.9-11).

SALOMÃO GINSBURG

O diácono Candinho foi membro de uma igreja evangélica em Jacarepaguá durante muitos anos. Convertido em 1927, conheceu pessoalmente e conviveu com o grande missionário judeu Salomão Luiz Ginsburg, de quem contava muitas experiências, inclusive esta:

Uma ocasião, no Estado do Rio, o missionário tinha de chegar a determinado lugar de difícil acesso onde estava sendo aguardado. Conseguiu quem o conduzisse, e aproveitou a oportunidade de falar sobre o Evangelho ao guia. Este respondeu:

– Não, missionário. Eu não posso aceitar a sua religião, porque ficarei proibido de beber, fumar, de fazer tantas coisas que gosto de fazer. Os crentes são escravos. Não têm liberdade.

O missionário pediu ao guia um maço de cigarros, e ao invés de acender um cigarro, guardou o maço no bolso e prosseguiu viagem sob a admiração do guia, que não ousava dizer nada. As horas foram passando e o missionário continuava de posse dos cigarros.

Lá pelas tantas, o companheiro sentindo um desejo irresistível de fumar, não se conteve:

– Como é, o senhor não vai me devolver os cigarros?

– Não – respondeu o missionário.

O inveterado fumante perdeu a calma e ameaçou tomar do missionário os cigarros, à força, ao que este respondeu:

– Espere, vou devolver-lhe os cigarros; eu só fiz isto para provar-lhe que eu não sou escravo, mas você é escravo. Você está querendo brigar comigo porque não pode passar sem fumar uma hora. *Isto é ser escravo.*

"Não reine portanto o pecado em vosso corpo mortal, para lhe obedecerdes em suas concupiscências." "Não sabeis vós que a quem vos apresentardes por servos para lhe obedecer, sois servos daquele a quem obedeceis, ou do pecado para a morte, ou da obediência para a justiça?" (Rm 6.12,16).

CONTRATO EM BRANCO

Uma missionária brasileira na África, encontrou ali uma moça que se convenceu de não haver outra alternativa senão aceitar Jesus. Compreendeu perfeitamente o plano de salvação, a razão da morte de Jesus, e o valor purificador do seu sangue: Compreendeu tudo, mas tinha alguns problemas difíceis a vencer antes de fazer a sua entrega total, o que confidenciou à missionária.

Inspirada por Deus, a missionária insistiu para que aquela moça confiasse plenamente:

– Creia que Deus vai resolver todos os seus problemas. Entregue-se a Ele inteiramente. Assine um contrato em branco e deixe que Deus preencha com as condições que Ele quiser.

A moça assim fez e hoje é uma crente fiel.

"Deus é a minha fortaleza e a minha força, e ele perfeitamente desembaraça o meu caminho" (2 Sm 22.33).

UM CACHORRO HERÓI

Alguém me contou que um lenhador saiu para a floresta a cortar a sua madeira. A esposa foi à cidade fazer compras, e no berço ficou uma criança de poucos meses de idade. Ambos, marido e mulher, iam voltar logo. Assim, não se preocuparam em deixar a criança sozinha.

O lenhador voltou primeiro. Entrando em casa encontrou os móveis revirados e tudo em desalinho. A um canto, o grande cão deitado, todo sujo de sangue. O homem, num instante, imaginou toda a cena que se teria desenrolado: "O cachorro atacou o menino e o matou" - pensou. Sem pestanejar, tomou da espingarda e mirou na cabeça do pobre cachorro, e disparou.

Depois de ter matado o cachorro, correu para o quarto onde deveria estar a criança. Realmente ela ali estava. Estava viva e sorridente por ver o pai, depois do tremendo susto que deve ter passado. É que ao lado do seu berço jazia uma onça, a qual o cachorro matara em defesa da criança.

"E nós o reputamos por aflito, ferido de Deus e oprimido, mas ele foi ferido pelas nossas transgressões, moído pelas nossas iniqüidades; o castigo que nos traz a paz estava sobre ele, e pelas suas pisaduras fomos sarados" (Is 53.4b,5).

E DEPOIS?

Um jovem idealista, entusiasmado com a sua própria vida, com sua matrícula garantida em uma faculdade, comentava com um crente:

- Como estou contente! Matriculo-me na faculdade este ano.

O crente, instruído pela Palavra de Deus, aproveitou a oportunidade para falar-lhe sobre a sua salvação:

- Estou contente por você e pelo seu sucesso, mas que pretende depois de formado?

- Pretendo ser um médico famoso. Ganhar muito dinheiro.

- E depois?

- Depois? Depois pretendo amealhar o suficiente para a minha subsistência e da minha família.

- E depois?

- Bem, depois... Depois eu quero ter uma aposentadoria muito boa que me deixe viver despreocupado.

- E depois? - tornou a perguntar o crente.

Agora o jovem não achou mais resposta. É que todos os seus planos eram para esta vida efêmera.

"E direi à minha alma: Alma, tens em depósito muitos bens para muitos anos: descansa, come, bebe e folga. Mas Deus lhe disse: Louco, esta noite te pedirão a tua alma; e o que tens preparado para quem será?" (Lc 12.19,20).

O SOLDADO FALAVA EM NOME DO FILHO

As dificuldades comuns afastam as diferenças sociais. Dois soldados, na guerra, tornaram-se grandes amigos. Um deles era filho de uma família ilustre e o outro, um camponês inculto. Eram como irmãos na divisão dos minguados recursos que a guerra proporcionava, ou na fartura dos dias de folga, que passavam juntos.

Um dia, no fragor da batalha, uma explosão fere os dois amigos. Foram evacuados para um hospital de emergência e depois para outro hospital.

O soldado rico, embora com ferimento mais grave, não ficaria aleijado, o pobre, ao contrário, tinha perdido um braço, mas a sua recuperação foi rápida.

Desligado do exército, foi fazer uma última visita ao seu amigo rico. Este lhe pediu:

- Vá à cidade tal, em tal endereço, procure meus familiares e dê-lhes notícias sobre mim.

O ex-soldado encontrou com facilidade o endereço. Bateu à porta e foi atendido pelo empregado:

- Quero falar com Dona Fulana - que era a mãe do seu amigo.

O empregado voltou alguns minutos depois:

- Deixe o seu recado que ela não pode atender. (Naturalmente perguntara pela aparência do solicitante, e, informada, pensou ser um mendigo pedindo esmola.)

O ex-soldado insistiu:

- Por favor, diga-lhe que venho em nome do seu filho, que está ferido em um hospital.

Imediatamente o moço foi recebido pela mãe do soldado ferido. É que agora o visitante falava em nome do filho da casa!

"A fim de que tudo quanto pedirdes ao Pai em meu nome, ele vo-lo conceda" (Jo 15.16b).

GUARDA-CHUVA COMO DEMONSTRAÇÃO DE FÉ

Uma menina estava presente a uma reunião de crentes que traçavam planos para irem à igreja naquela noite orar pedindo que Deus mandasse chuva, pois havia grande necessidade, de vez que uma prolongada seca assolava a região. Foi então que alguém notou a menina que levava um guarda-chuva no braço. Perguntaram-lhe:

- Com uma seca destas, por que você está levando um guarda-chuva, menina?

- Ora, irmão. Nós não estamos indo para a igreja pedir a Deus que mande chuva? O irmão não acha que Deus nos vai atender e que choverá realmente?

"Ora, a fé é o firme fundamento das coisas que se esperam, e a prova das coisas que se não vêem" (Hb 11.1).

EU JÁ SABIA

Uma mulher, lendo Mateus 17.20, resolveu fazer a experiência. Orou a Deus que removesse uma montanha que ficava em frente da sua casa. Orou... orou... tornou a orar, sempre de olhos fechados. Depois parou e foi abrindo os olhos devagar... desconfiada. A montanha lá estava no mesmo lugar. Ela, então, com toda a naturalidade, disse:

- Eu já sabia que Deus não ia mesmo remover essa montanha...

"Peça-a, porém, com fé, não duvidando; porque o que duvida, é semelhante à onda do mar, que é levada pelo vento e lançada de uma para outra parte" (Tg 1.6).

O AMOR DE MÃE

O amor materno tem sido decantado através dos séculos por milhares de poetas, em prosa ou em verso, das mães humildes às mais soberbas, de todos os cantos da terra e de todas as formas.

Recentemente amplo noticiário nos dá conta do grande amor revelado por uma mãe inglesa que preferiu morrer para que o seu filho vivesse. Ela estava grávida quando descobriu ser possuidora de pertinaz enfermidade. A única medicação, no caso, seria grandemente prejudicial ao feto.

Assim, ela deixou que a moléstia tomasse conta de seu organismo, para que, o filho querido ficasse ileso.

Veio a morrer de câncer logo após o parto. O filho nasceu perfeito.

"...o amor é forte como a morte; as suas brasas são brasas de fogo, labaredas do Senhor" (Ct 8.6).

REENCONTRO DO PAI COM O FILHO PERDIDO

Pai e filho. Um é herói do outro. São inseparáveis. O pai anseia por um momento de folga para estar ao lado do filho. Certo dia marcaram uma pescaria juntos.

– Só nós dois papai. Não vamos levar mais ninguém.

Feitos os preparativos na véspera, saíram bem cedinho. Ainda sentiam a brisa da manhã quando se dispuseram a atravessar a floresta em direção ao rio.

– Cuidado, meu filho. Não se afaste demais, que você pode se perder.

O menino corria à frente, agarrava-se a um cipó, balançava-se e se adiantava demais. O pai tornava a aconselhar:

– Não se afaste muito. Você pode se perder.

Foi o que realmente aconteceu. O menino desapareceu.

O pobre pai, desesperado, começou a gritar pelo nome do filho. Nenhuma resposta. Procurou... procurou... nada.

Já tinha perdido a esperança, ao cair da tarde, mas continuava gritando e procurando. Foi então que obteve a resposta. Alguns segundos depois deu-se o reencontro. O pai, emocionado, segurava a mão do menino, enquanto dizia:

– Agora você não mais vai se perder. Não vou largar a sua mão.

"E o filho lhe disse: Pai, pequei contra o céu e perante ti, e já não sou digno de ser chamado teu filho. Mas o pai disse aos seus servos: Trazei depressa o melhor vestido, e vesti-lho, e ponde-lhe um anel na mão, e alparcas nos pés; e trazei o bezerro cevado; e matai-o; e comamos e alegremo-nos: porque este meu filho estava morto, e reviveu, tinha-se perdido, e foi achado. E começaram a alegrar-se" (Lc 15.21-24).

NUNCA FOI CONVIDADO

Conta-se que um cidadão lusitano, dono de uma arruinada casa de negócios, às portas da falência, resolveu se suicidar, atirando-se sob as rodas de um trem, na ferrovia próxima à sua residência. Mas era um domingo à noite quando tomou tal decisão. Em seu trajeto teria de passar pela porta de uma igreja. Estava no horário do culto, e, no momento em que a congregação cantava um belo hino: "Em Jesus amigo temos... mais chegado que um irmão... e nos manda que levemos... tudo a Deus em oração..."

O pobre do homem resolveu aproximar-se para ouvir melhor. "Temos lidas e pesares... e na vida tentação... não ficamos sem consolo... indo a Deus em oração..."

O desesperado cidadão sentiu um alívio com tanta promessa vinda da parte de Deus. Entrou na igreja. O porteiro indicou-lhe um lugar, e ele ouviu atentamente a pregação.

O pastor pregou sobre o Salmo 140: "O Senhor sustentará a causa do oprimido". O Espírito Santo tocou aquele infortunado coração. No apelo foi à frente, chorando e confessando os seus pecados e a sua desdita.

A alegria foi geral, pois o decidido era muito conhecido dos membros da igreja.

Findo o culto, o pastor pediu a ele que ficasse ao seu lado na porta, para ser cumprimentado pelas pessoas, mas para tristeza de muitos crentes, o velho comerciante cumprimentava a todos e dizia a alguns:

- "O senhor!? É membro desta igreja? Eu não sabia. Por que não me convidou antes para ouvir coisas tão belas?"

"Filho do homem, eu te dei por atalaia sobre a casa de Israel; e tu da minha boca ouvirás a palavra, e os avisarás da minha parte. Quando eu disser ao ímpio: Certamente morrerás; não avisando tu, não falando para avisar o ímpio acerca do seu caminho ímpio, para salvar a sua vida, aquele ímpio morrerá na sua maldade, mas o seu sangue da tua mão o requererei" (Ez 3.17,18).

MORREU PARA SALVAR OS PASSAGEIROS

Um rapaz trabalhava numa estação de ferrovia e recebeu um telegrama atrasado: "Retenha a composição porque demos saída, por engano, a um cargueiro... por favor... atrase o trem de passageiros..."

O telegrafista, num relance, percebeu a intensidade do perigo! O trem de passageiros acabava de ser liberado, repleto, e ia chocar-se com o outro, ocasionando um terrível desastre.

Saiu correndo atrás do trem. Lembrou-se que mais adiante, a uns dois quilômetros, havia uma subida e o trem, forçosamente, diminuiria a velocidade. Isso lhe deu novo ânimo. Embora a composição aumentasse a distância ele corria mais e mais, num esforço desesperado para alcançá-la.

O trem começou a diminuir a velocidade. Agora, inversamente, a distância entre a composição e o corredor diminuia. Mais alguns minutos e ele teria cumprido o seu dever. Continuava correndo: alcançou o último vagão... mais um. Sempre correndo, gritava ao maquinista: "Pare o trem... pare o trem..."

Quando o maquinista compreendeu a intenção do rapaz, que ele conhecia bem, parou o trem, e, num último esforço, ouviu:

- Volte depressa com o seu trem que está vindo um cargueiro em sentido contrário.

O maquinista puxou os comandos e o trem começou a retornar. Foi o tempo suficiente para virar o comando do desvio e o cargueiro passou, inofensivo. Só então se lembraram do mensageiro; uma equipe foi em seu socorro: ele tinha caído, morto, no lugar onde alcançara o trem!

"Porque Cristo, estando nós ainda fracos, morreu a seu tempo pelos ímpios. Porque apenas alguém morrerá por um justo; pois poderá ser que pelo bom alguém ouse morrer. Mas Deus prova o seu amor para conosco, em que Cristo morreu por nós, sendo nós ainda pecadores" (Rm 5.6-8).

INFORMAÇÃO ERRADA

Uma senhora viajava de trem com a sua netinha. Sua filha estava doente e a netinha também tinha necessidade urgente de ser medicada. Pouco habituada a sair de casa, a vovó estava em dúvida quanto ao lugar em que deveria descer do trem. Percebia as paradas periódicas, os passageiros se movimentando, mas tudo aquilo para ela era perturbador e somava-se à preocupação pelo estado de saúde da menina...

Pela vidraça, ela via os campos cobertos de neve. O quadro poderia até ser muito bonito, não fosse aquela emergência. Perguntou a um passageiro:

- O senhor sabe onde fica a parada...?

- Sei, minha senhora - respondeu.

- É que pretendo saltar lá com a minha netinha.

- Esteja tranqüila que a informarei, senhora.

O trem continuou a sua marcha: Mais algumas paradas, mais movimentação rápida de passageiros.

Quando parou novamente, o passageiro consultado dirigiu-se a ela dizendo:

- Pode saltar aqui, vovó. É a sua estação, mas solte depressa porque a parada é rápida.

Novo apito, e o trem retomou a sua marcha.

Meia hora mais tarde o condutor vem gritando o nome da próxima parada. O passageiro que dera a informação à velhinha teve um sobressalto. Reconhecera ter fornecido uma informação errada. Falou com o funcionário. Imediatamente acionaram os dispositivos de segurança. O trem parou e organizou-se uma patrulha de salvamento. Encontraram a vovó e a netinha abraçadas, mortas de frio. É que elas saltaram fora de qualquer estação, por motivo de uma parada de emergência!

"O coração entendido buscará o conhecimento, mas a boca dos tolos se apascentará de estultícia" (Pv 15.14).

"PERSISTÊNCIA É CAVAR POÇO"

No sertão de Pernambuco, "seu" Severino Soares cavava um poço. Incansavelmente trabalhava ali. Cuidava com religiosidade de seus afazeres, mas não faltava à reunião na igreja: cultos aos domingos, Escola Dominical, reuniões de oração, evangelismo... No entanto, todo o tempo disponível empregava em cavar seu poço na baixada, próximo de sua casa. O viajante que passasse pela estrada perceberia o monte de terra do lado de fora do buraco aumentando dia a dia.

Na igreja, ou entre amigos, o conselho era um só:

- Descansa "seu" Severino. Ninguém tira água desse sertão. O senhor vai morrer cavando poço e a água não aparece.

Um dia "seu" Severino deu com um veio de água que o encharcou e o obrigou a pendurar-se depressa numa corda pendente. A alegria tomou conta de "seu" Severino. O poço satisfazia, não somente a ele e sua família, mas a todos os seus vizinhos.

Por ocasião de um esforço evangelístico de sua igreja, o pastor insistia com os crentes para convidarem pessoas.

- Os irmãos precisam ser persistentes - dizia.

Mas como acontece sempre, alguns manifestavam desânimo quanto aos convites.

- Os irmãos precisam ser persistentes, - tornava o pastor. - Insistam! Persistam! Convidem!

Em conversa, depois do culto veio à baila a palavra persistência. O irmão Severino Soares estava presente. Perguntaram-lhe:

- O que é persistência, irmão Severino?

- Persistência? - respondeu ele. - Persistência é cavar poço!...

"Sede, pois, irmãos, pacientes até a vinda do Senhor. Eis que o lavrador, espera o precioso fruto da terra, aguardando-o com paciência, até que receba a chuva temporã e serôdia. Sede vós também pacientes, fortalecei os vossos corações; porque já a vinda do Senhor está próxima" (Tg 5.7,8).

EIS QUE TUDO SE FEZ NOVO

Uma menininha quebrou um vaso de grande valor. Ficou muito triste, porém a tia a consolou:

- Não chore que titia manda consertar.

Procurou um restaurador de porcelanas, que consertou o vaso, pondo-o novo como antes. Admirada, a menina exclamou:

- Oh! titia, Jesus também conserta o nosso coração e ele fica novo como ficou este vaso!

"E desci à casa do oleiro e eis que ele estava fazendo a sua obra sobre as rodas. Como o vaso que ele fazia de barro quebrou-se na mão do oleiro, tornou a fazer dele outro vaso, conforme o que pareceu bem aos seus olhos fazer. Então veio a mim a palavra do Senhor, dizendo: Não poderei eu fazer de vós, como fez este oleiro, ó casa de Israel?..." (Jr 18.3-6a).

QUESTÃO DE LIMITES

Há muitos anos dois sitiantes limítrofes disputavam a localização da divisa. Cada um achava que o outro estava lhe roubando um pedaço de terra. Como não encontrassem solução amigável, decidiram apelar à justiça. Advogados, despesas forenses, audiências, recursos, tudo. Nesse ínterim, um deles vendeu a sua propriedade, mas o comprador era um homem crente, temente a Deus, amante da paz. Quando chegou com sua mudança, foi logo interpelado pelo vizinho litigante:

- Soube que o senhor comprou essa propriedade e quero que saiba que comprou uma briga também. É que a divisa do terreno não está bem definida e nós estamos na justiça.

- Mas nós não vamos brigar por isso – respondeu o novo proprietário. Eu concordo com o senhor. Vamos mudar a cerca para o limite que o senhor está pleiteando na justiça, e acabar com a disputa.

O vizinho ficou admirado. Como é possível tanta liberalidade? Estendeu a mão ao novo vizinho e disse:

- Se o senhor pode ficar com o prejuízo, eu também posso. Deixe a cerca no lugar em que está!

"Se for possível, quanto estiver em vós, tende paz com todos os homens" (Rm 12.18).

SEMPRE HONREI O NOME DO MEU PAI

Aos 31 anos de idade, Antonio Carlos Mariz e Barros já estava coberto de honras e glórias na Guerra do Paraguai. Quando o navio Tamandaré se afastava, a 7 de março de 1866, do Forte de Itapiru, foi atingido por uma granada inimiga, que matou e feriu muitos brasileiros, entre eles, o próprio Mariz e Barros, que teve uma das pernas esfacelada. Enquanto os médicos lhe amputavam a perna ferida, já no final da cirurgia, começou a empalidecer:

– Digam a meu pai que eu sempre honrei o seu nome – disse o bravo comandante.

Pendeu a cabeça e morreu.

"Ah, ornamento de Israel! nos teus altos fui ferido. Como caíram os valentes!" (2 Sm 1.19).

ONDE DEUS NÃO ESTÁ?

– Pregador – perguntou um ouvinte tentando zombar, – o senhor pode dizer-me onde Deus está?

– Isso é muito fácil – respondeu, – o mais difícil é dizer onde Ele não está.

"Longe está o Senhor dos ímpios, mas escutará a oração dos justos" (Pv 15.29).

ACABEI DE CONVERSAR COM ELE

Um pregador ilustre foi interrogado por alguém sobre se ele realmente conhecia a Deus.

– O senhor conhece Deus? Pode dizer-me como Ele é?

– Conheço-o – respondeu o pregador. – Acabei de conversar com Ele agora mesmo!

"Jesus respondeu: Não me conheceis a mim, nem a meu Pai. Se vós me conhecêsseis a mim, também conheceríeis a meu Pai". "E isto vos farão, porque não conheceram ao Pai nem a mim" (Jo 8.19; 16.3).

É NECESSÁRIO PROVAR

Um gabola divertia-se numa praça pública cercada de curiosos. Tinha facilidade de linguagem, fazia questão de ressaltar sua condição de ateu, e, gratuitamente, ofendia os presentes interrogando:

– Quem quer discutir comigo? – pastor, padre, médico, advogado ou um simples crente, suba aqui!

Só um respondeu à insistência do sabichão e se dirigiu a ele. Era um senhor de trajes humildes. Nada nele demonstrava capacidade nem erudição. O orador, bazofiando, ainda tentou humilhá-lo, baseando-se em sua aparência.

O desafiado subiu ao palco, sentou-se e, indiferente às provocações, tirou uma laranja de um embrulho, descascou-a e chupou-a...

O pregador continuou seus desaforos:

- Veio falar comigo, ou fazer um piquenique?

Depois de chupar a laranja, perguntou ao desafiante:

- O senhor quer me dizer se a laranja que eu chupei estava doce ou azeda?

- Bem desconfiei que o senhor é meio maluco, respondeu o orador. Foi o senhor que chupou a laranja, como quer que eu saiba se estava doce ou azeda?

Nesta altura dos acontecimentos era grande a expectativa geral. Todo o auditório queria saber como terminaria aquilo.

- Justamente isso é que fala em meu favor. Se quem chupou a laranja foi eu, só eu sei se ela estava doce ou azeda. O senhor não pode falar da experiência da salvação em Cristo se não passou por ela - continuou.

- Antes de me converter eu era um beberrão, mau esposo, mau pai: não valia nada. Um dia experimentei a graça do Evangelho e me tornei outra criatura. Por isso posso falar de ambas as coisas. Eu conheci ambas as coisas. O senhor só conhece o seu lado ateu. Não pode falar sobre Deus.

"Provai, e vede que o Senhor é bom: bem-aventurado o homem que nele confia" (Sl 34.8).

ORGULHO QUE MATA

Um soldado alemão foi feito prisioneiro. Ferido como estava, não pôde acompanhar seus companheiros na retirada. Seu estado era melindroso. Perdera muito sangue e precisava urgentemente de uma transfusão. Através do intérprete, foi-lhe perguntado se consentia.

- Sim - disse - contanto que seja sangue alemão. A sua exigência era impossível. Ele era o único prisioneiro. A reserva de sangue que possuíam era indiscriminada.

– Prefiro morrer – acentuou o soldado.

"Olhar altivo, coração orgulhoso, e até a lavoura dos ímpios é pecado" (Pv 21.4).

A BÍBLIA NÃO ME DEIXA EM PAZ!

Um moço, sempre que se encontrava com um crente, desandava a falar mal da Bíblia. Era um costume antigo que possuía. Certa vez, alguém lhe perguntou:

– Por que você não deixa a Bíblia em paz?

– É porque ela não me deixa em paz também – respondeu.

"Todos os caminhos do homem são limpos aos seus olhos, mas o Senhor pesa os espíritos" (Pv 16.2).

JESUS CRISTO ESTÁ VIVO!

Certa vez um muçulmano interrogou um pregador durante a pregação:

– Nós temos uma prova de nossa religião que vós não tendes. Quando vamos à Arábia podemos ver o túmulo do Profeta. Temos assim uma prova de que ele viveu e morreu. Quando, porém, ides a Jerusalém, não podeis ter certeza do lugar onde foi sepultado Jesus. Não tendes um túmulo como nós!

– É verdade – respondeu o pregador. – Não temos um túmulo em nossa religião, porque não temos um cadáver. Nosso Evangelho não termina na morte, mas em vitória; não termina em túmulos, mas em triunfo. Por isso, radiante de otimismo vive o nosso coração. Temos um Salvador vivo.

"E no primeiro dia da semana, muito de madrugada, foram elas ao sepulcro, levando as especiarias que tinham preparado. E acharam a pedra revolvida do sepulcro. E, entrando, não acharam o corpo do Senhor Jesus. E aconteceu que, estando elas perplexas a esse respeito, eis que pararam junto delas dois varões, com vestidos resplandecentes. E, estando elas muito atemorizadas, e abaixando o rosto para o chão, eles lhes disseram: Por que buscais o vivente entre os mortos? Não está aqui, mas ressuscitou" (Lc 24.1-6).

A PEDRA REJEITADA

Conta-se que quando o rei Salomão se dispôs a construir o Templo, começou a preparar o material necessário. Cada coisa ia sendo colocada em determinado lugar para o início da construção. O material chegava já pronto para a obra. Pedras trabalhadas, tudo em boa ordem.

Eis então que dentre as pedras chegou uma bem diferente, de formato estranho. Os construtores experimentaram arranjar um lugar para ela e não o conseguiram. Desanimados, abandonaram-na num canto.

A construção durou sete anos. A pedra desprezada foi ficando coberta de pó e, por fim, a relva, crescendo, quase a escondeu. Quando a obra estava no fim, os construtores se viram em grande dificuldade. Faltava a pedra que encerraria a cabeça do ângulo. Alguém em boa hora lembrou-se da pedra rejeitada.

Elevada às alturas, foi perfeitamente adaptada ao seu lugar certo.

"A pedra que os edificadores rejeitaram tornou-se cabeça de esquina. Foi o Senhor que fez isto, e é coisa maravilhosa aos nossos olhos" (Sl 118.22,23).

O EGOÍSMO DO VIZIR

Um vizir, conhecido por sua usura, conversava aconselhando-se com um ulemá. Vivia inquieto o ministro e não se conscientizava do motivo de sua preocupação. Sabiamente o ulemá levou-o à janela, e, mostrando-lhe a rua, perguntou:

- Que vê o senhor?

- Vejo muita gente andando: homens, mulheres, crianças.

O ulemá colocou na janela, entre o vizir e a rua, um espelho.

- E agora? O que vê o senhor?

- Vejo-me a mim mesmo - respondeu o vizir.

- É que entre o vidro da janela e o vidro do espelho existe uma camada de prata. A prata impede que o Senhor veja os outros e faz com que se concentre em si mesmo.

"Senti as vossas misérias, e lamentai e chorai: converta-se o vosso riso em pranto, e o vosso gozo em tristeza. Humilhai-vos perante o Senhor, e ele vos exaltará" (Tg 4.8-10).

TAMBÉM SOU CRENTE

O padre Aníbal Pereira Reis, no interior do Estado de São Paulo, vivia sobressaltado, em profundo estado de angústia, na incerteza de sua salvação. Ele teve um encontro maravilhoso com Jesus através da leitura da Bíblia, e, como homem honesto que é – um bem precioso que herdou de seus antepassados – procurou não trazer problemas para os seus superiores hierárquicos. Afastou-se do catolicismo romano confessando o motivo e batizou-se por imersão.

Depois de convertido, ainda permaneceu alguns anos como padre, pois, segundo suas próprias palavras, queria harmonizar sua nova vida em Cristo com a permanência na Igreja Romana.

No período que antecedeu ao seu afastamento definitivo, muitas coisas interessantes aconteceram:

Uma moça crente casou-se com um rapaz incrédulo. De nada lhe valeram os conselhos dos pais, dos irmãos, dos amigos: Queria casar-se com o rapaz e estava encerrado o assunto.

Os primeiros meses de casados transcorreram sem muita preocupação. Mas foi-se apagando a chama de sua fé, e ela foi excluída da igreja. A seguir o casamento se desmoronou. Pequenas brigas, e finalmente, ela, não suportando os sofrimentos, apelou para o suicídio.

Antes de morrer, no hospital, recebeu a visita do padre-crente. A moça ainda lúcida, disse-lhe:

- "Seu" vigário, não se zangue comigo, mas antes de morrer eu queria falar com um pastor.

- Minha filha, disse o padre, pode falar comigo, porque eu também sou crente. Eu já aceitei Jesus como meu Salvador.

"Ninguém deita remendo de pano novo em vestido velho, porque semelhante remendo rompe o vestido, e faz-se

maior a rotura. Nem se deita vinho novo em odres velhos; aliás rompem-se os odres, e entorna-se o vinho, e os odres estragam-se; mas deita-se vinho novo em odres novos, e assim ambos se conservam" (Mt 9.16,17).

É NECESSÁRIO OBEDIÊNCIA IRRESTRITA

Certo médico foi visitar um doente. Estava muito mal com doença grave, para tratamento, da qual só era conhecido um remédio. Rapidamente o médico passou a mão no receituário e escreveu o nome do remédio. Recomendou:

– Não deixe de tomar. Só este remédio poderá curá-lo.

O doente mandou um portador à farmácia. Como não encontrasse o medicamento indicado, o farmacêutico mandou outro no lugar dele.

O doente continuou doente. Alguns dias mais tarde veio a falecer. Discutiu-se posteriormente qual a responsabilidade do farmacêutico. Ele foi julgado culpado, apesar de suas boas intenções.

"Porém Samuel disse: Tem porventura o Senhor, tanto prazer em holocaustos e sacrifícios, como em que se obedeça à palavra do Senhor? Eis que obedecer é melhor do que sacrificar, e o atender melhor é do que a gordura de carneiros" (1 Sm 15.22).

AMOR AOS IRMÃOS

Era um moço do interior. Seu patrão, por reconhecer nele grandes méritos, ofereceu-se para pagar-lhe os estudos numa cidade grande.

O moço fazia jus à confiança nele depositada: honesto, trabalhador, inteligente, bom amigo e bom colega. Era sempre o primeiro a servir, sempre o primeiro da classe. A sua presença era requerida, tanto entre colegas, como entre os mestres, que lhe devotavam sincera admiração.

Uma ocasião houve um grande banquete na escola. Pratos suculentos eram repassados de mão em mão numa demonstração de grande fartura. O jovem estudante começou a chorar. Alguém lhe perguntou:

– Por que você está chorando no meio de tanta fartura e de tanta alegria?

– Estou me lembrando de meus familiares. Meu pai luta com grandes dificuldades, meus irmãos mal têm o que comer. Minha mãe se arrasta com sacrifício para fazer o serviço do lar, pois está sempre doente. E eu aqui desfrutando de tão boas amizades, bem vestido, bem alimentado, não me faltando nada e nada podendo fazer por eles!

"Aquele que ama a seu irmão está na luz, e nele não há escândalo. Mas aquele que aborrece a seu irmão está em trevas, e anda em trevas, e não sabe para onde deva ir" (1 Jo 2.11).

DEUS GUARDA SEUS SERVOS

O carcereiro da prisão de Bedford tratava João Bunyan com muita humanidade, o que era impróprio na época. Os prisioneiros eram tidos como sub-humanos – um peso morto para o Estado – e tratados com extrema crueldade. Mas Bunyan tinha até o direito de escrever. Isto desagradava aos juízes.

Uma ocasião, um pároco, tendo notícias de que Bunyan tinha liberdade até para visitar a família, denunciou o carcereiro. Isto aconteceu justamente num dia em que Bunyan se achava visitando sua casa. Mas sucedeu que, nesse dia, ele começou a sentir-se mal e achou melhor voltar à prisão antes da hora de costume. Mal acabara de entrar quando chegou o fiscal interrogando:

– Todos os presos estão presentes?

– Sim – respondeu o carcereiro.

Mas o fiscal não se contentou com a resposta e quis ver pessoalmente todos os presos. Lá estava entre eles João Bunyan. Depois da saída do fiscal, o carcereiro lhe disse:

– Podes sair quando quiseres, porque sabes melhor do que eu a hora que tens de voltar.

"Vestirei os seus inimigos de confusão; mas sobre ele florescerá a sua coroa" (Sl 132.18).

OS CRENTES E A DESTRUIÇÃO DE JERUSALÉM

Jerusalém vivia seus últimos dias: "Satanás suscitara as mais violentas paixões. Os homens não raciocinavam;

achavam-se fora de si e fora da razão, dirigidos pelo impulso cego da raiva".

Esse era o espírito reinante nos últimos dias de Jerusalém. Os judeus, mesmo diante de tantas e irrefutáveis provas, haviam recusado aceitar o Messias. Mataram-no. Agora, revoltados contra os romanos, sofriam as agruras de um cerco impiedoso:

"Não havia segurança em parte alguma. Os amigos e parentes traíam-se mutuamente". A fome dentro dos muros da cidade era tão grande, que comiam solas, tiras de couro e, algumas mulheres, comeram seus próprios filhos.

Jesus tinha avisado aos crentes: "Mas quando virdes Jerusalém cercada de exércitos, sabei então que é chegada a sua desolação. Os que estiverem na Judéia fujam para os montes; os que estiverem dentro da cidade, saiam" (Lc 21.20,21). Mas sair como? Os romanos estavam vigilantes!

A providência de Deus que nunca falha, os favoreceu:

Inexplicavelmente, o general comandante ordenou o afastamento das tropas. Os judeus que estavam a ponto de se entregarem, saíram-lhes ao encalço. Jerusalém ficou desguarnecida e os cristãos aproveitaram, atentos que estavam à palavra de Deus, e fugiram pela Pela, na Peréia, além do Jordão, onde ficaram em segurança. Nem um só pereceu!

"O meu socorro vem do Senhor que fez o céu e a terra. Não deixará vacilar o teu pé; aquele que te guarda não tosquenejará. O Senhor é quem te guarda; o Senhor é a tua sombra à tua direita. O sol não te molestará de dia nem a lua de noite. O Senhor te guardará de todo o mal" (Sl 121.2,3,5-7).

TODOS PECARAM

Um padeiro moveu uma ação contra um leiteiro, dizendo que este lhe vendera um quilo de manteiga faltando 100 gramas. No dia do julgamento, o juiz perguntou ao réu se não queria defender-se da acusação. O leiteiro disse:

– Meritíssimo, não posso dizer se o padeiro está certo ou não. É que perdi o peso de 1000 gramas e estou usando em seu lugar o pão que ele vende a todos, todos os dias como sendo de um quilo!

"Porque todos pecaram e destituídos estão da glória de Deus, todos se extraviaram, e juntamente se fizeram inúteis: Não há quem faça o bem: não há nenhum só" (Rm 3.12,23).

A OBEDIÊNCIA QUE VALE

O marido pediu à esposa que encurtasse as pernas de uma calça nova que ele comprara e tinha ficado muito comprida, mas o tempo foi passando e a esposa se esqueceu.

Verificando que o trabalho não tinha sido feito, pediu à sogra que o fizesse:

- Faça o favor de encurtar as pernas daquela calça azul que comprei o mês passado, pois estão muito compridas. Pode diminuir dez centímetros.

A sogra imediatamente atendeu. Cortou dez centímetros.

Passados alguns dias, a esposa se lembrou do pedido do marido. Passou a mão na tesoura e cortou mais dez centímetros. Quando o homem foi vestir a roupa, as pernas estavam à altura da canela.

"Portanto convém-nos atentar com mais diligência para as coisas que já temos ouvido, para que em tempo algum nos desviemos delas" (Hb 2.1).

A FILHA QUE ROUBOU A SUA PRÓPRIA MÃE...

Tudo começou com a intolerância da filha que se cercou de más companhias. A ânsia de viver a sua própria vida, sem ter quem lhe desse ordens, fez com que a moça deixasse a casa da própria mãe, divorciada, para ir morar com outra jovem em igualdade de condições, companheira de aventuras. Agora, a vida lhe parecia correr as mil maravilhas. Podia participar livremente de tudo o que quisesse: passeios, inferninhos, bebidas, tóxicos... o que desejasse experimentar. Ela fazia o seu próprio caminho: Não havia nenhuma limitação.

Mas nem tudo foi tão fácil por muito tempo. Vieram as dificuldades, a falta de dinheiro, a doença, a progressão do vício. Um dia surgiu a idéia de um assalto à casa da própria mãe. Ninguém melhor do que ela conhecia as dependências da casa, os valores guardados e o lugar. Não foi difícil, também, conseguir parceiros.

Distribuídas as tarefas, cada um ficou com uma responsabilidade. Executaram o plano sinistro: a empregada foi dominada com facilidade com um revólver; o produto do roubo, alguns objetos de ouro, foi vendido por uma insignificância. Na hora da partilha, para a filha ingrata, couberam-lhe dois vidros de perfume ordinário e alguns litros de uísque. Ah!... esquecíamo-nos: também uma condenação criminal...

"Um abismo chama outro abismo"; "os homens maus e enganadores irão de mal para pior, enganando e sendo enganados" (Sl 42.7a; 2 Tm 3.15).

AO NOSSO ALCANCE VALORES DESCONHECIDOS

Depois de muitos anos de lutas, Jônatas conseguiu juntar o suficiente para comprar uma casa. Esse tinha sido o sonho acalentado pela família durante muitos anos. De informação em informação, chegou a um casarão antigo que necessitava muitos reparos, tinha um terreno grande e não ficava distante do trabalho. Resolveram comprá-lo. Fizeram algum reparo de emergência, e a família se mudou. Foi um dia de muito trabalho, mas de muita alegria também.

Uma vez Jônatas subiu ao sótão da casa e encontrou muito material antigo deixado pelo ex-proprietário: quinquilharias, coisas imprestáveis, e um violino velho, sem cordas.

Em conversa com um vizinho, contou-lhe sobre o achado, mostrando-lhe o velho instrumento. Jônatas nem desconfiou quando o vizinho lhe quis comprar o instrumento, oferecendo-lhe um valor muito acima do imaginado. Aceitou a oferta e vendeu.

Algum tempo depois veio a saber a razão de tal oferta. O violino era um legítimo Stradivarius, com mais de duzentos anos de fabricação, que vale uma grande fortuna.

Tinha tido em suas mãos um grande tesouro e o deixara escapar, por ignorar a verdade!

"Os pensamentos do diligente tendem à abundância, mas os de todo o apressado tão-somente à pobreza" (Pv 21.5).

EMBAIXADOR DE CRISTO

Ouvimos há muito tempo um ilustre pregador americano, professor, missionário no Brasil, contando que tinha feito carreira diplomática em sua terra até certo momento de sua vida. Depois, convertera-se e tinha proposto em seu coração servir a Jesus com toda intensidade. Simultaneamente, recebera dois convites: um do presidente Roosevelt, para ser embaixador americano no Brasil; outro, para ser missionário no Brasil. Optara pelo segundo convite. Achou mais honroso ser embaixador do Rei, do que ser embaixador de um presidente.

"E tudo isto provém de Deus, que nos reconciliou consigo mesmo por Jesus Cristo, e nos deu o ministério da reconciliação. Isto é, Deus estava em Cristo reconciliando consigo o mundo, não lhes imputando os seus pecados; e pôs em nós a palavra da reconciliação. De sorte que somos embaixadores da parte de Cristo, como se Deus por nós rogasse. Rogamo-vos, pois, da parte de Cristo, que vos reconcilieis com Deus" (2 Co 5.18-20).

TARDE DEMAIS

Chegar tarde era o seu costume. Deixava tudo para a última hora. Sentia uma atração irresistível em assim proceder. Não se importava com o prejuízo nem com o que os outros pensassem sobre si.

Um dia tinha de fazer uma viagem muito importante. Havia comprado as passagens antecipadamente. Caríssimas. Os documentos estavam todos prontos. Despesas com passaporte, cambiagem de dinheiro, contatos, tudo pronto. Mas era o seu costume chegar tarde...

Saltou do veículo correndo, pagou o motorista correndo, e, correndo, seguiu em direção ao portão de embarque. Estava fechado. Que tristeza!

Alguém observou:

- Não correste bastante!

– Sim! Eu corri bastante, mas comecei tarde demais.

"Não sabeis vós que os que correm no estádio, todos, na verdade, correm, mas um só leva o prêmio? Correi de tal maneira que o alcançeis!" (1 Co 9.24).

DEUS É O NOSSO CONSOLADOR

Uma senhora não-crente perdeu a sua filhinha depois de um longo período de enfermidade. Só apos muito tempo é que veio a se consolar daquela grande perda. Ela era vizinha de uma família de crentes. Estes também tiveram um sério momento de tristeza: um moço da família, vítima de acidente, veio a falecer. Tudo corria normalmente e a família dele não se desesperou. Mas a não-crente não conseguia saber porque sofrera tanto com a morte da filhinha, quase enlouquecendo, e, a morte do vizinho, parecia não tê-los afetado.

Veio um período de cultos especiais na igreja. Os crentes levaram-lhe um convite. Aceitou. Foi a um culto e se converteu.

Recebia agora a visita dos crentes. Vivia em perene alegria. Um dia confessou à vizinha:

– Agora sei porque vocês sofreram resignadamente a morte do rapaz...

"O justo até na sua morte tem esperança"; "Bem-aventurados os mortos que desde agora morrem no Senhor" (Pv 14.32; Ap 14.13).

SIM, SIM. NÃO, NÃO

Um operário sempre dava bom testemunho na fábrica onde trabalhava. Um dia, recebeu um convite para participar de uma festa. Mas era uma festa diferente. Era oferecida pelo seu patrão, homem duro, que tinha fama de ser sempre obedecido em tudo que ordenava.

Seus colegas ficaram na expectativa:

– Vamos ver se ele vai recusar a bebida que certamente o gerente lhe oferecerá.

No momento certo, o crente soube recusar educadamente.

Depois foi chamado ao escritório. O gerente lhe oferecia uma promoção, tornando-o chefe de um departamento da fábrica, enquanto lhe dizia:

– Precisamos para esse lugar um homem como o senhor. Um homem de convicção. O senhor é o escolhido.

"...mas que a vossa palavra seja sim, sim, e não, não; para que não caiais em condenação" (Tg 5.12).

VIDA? SÓ POR DEUS!

A química sintética de nossos dias tem conseguido produzir mais de 130 mil compostos orgânicos, mas um grão que se fabrica quimicamente, lançado na terra, não germina. É que a vida, em sua essência, não pode ser concebida em termos físico-químicos, como disse Spencer. Para fazer a vida, não só se necessita a ciência de Deus: precisa-se também de um poder divino.

"E disse Deus: Produza a terra alma vivente conforme a sua espécie; gado e répteis, e bestas feras da terra, conforme a sua espécie. E assim foi" (Gn 1.24).

A PALAVRA NÃO VOLTA VAZIA

O grande desejo de um recém-convertido era pregar o Evangelho, mas não conseguia vencer a timidez. Julgava com acerto que a primeira vez é sempre difícil. Depois seria fácil.

Com esse pensamento, dispôs-se a fazer uma experiência inédita. Penetrou numa floresta com a Bíblia na mão, leu o texto em Apocalipse 3.20, orou em voz alta e pregou. Não se preocupou com as palavras. Deixou que elas fluíssem naturalmente, conforme é a promessa do Senhor. Quando acabou a pregação fez o apelo. Queria dar em tudo o maior cunho de autenticidade.

– Jesus está oferecendo nesta tarde uma oportunidade a quem queira aceitá-lo. Quem quiser dê um sinal, levantando o seu braço.

Repentinamente surge, de entre as árvores, com os braços levantados, chorando, um criminoso foragido da cadeia local. Estava escondido e ouviu a pregação. Confessou:

– Eu aceito Jesus como meu Salvador. Eu aceito Jesus!

"Porque, assim como desce a chuva e a neve dos céus, e para lá não torna, mas rega a terra, e a faz produzir, e brotar, e dar semente ao semeador, e pão ao que come, assim será a palavra que sair da minha boca: ela não voltará para mim vazia, antes fará o que me apraz, e prosperará naquilo para que a enviei" (Is 55.10,11).

AMANSA JOÃO ALVES

Conta-se que um cidadão chamado João Alves, num subúrbio carioca, foi contratado para dar uma surra em determinada pessoa:

- Sabe onde você pode encontrá-lo? Vá domingo à noite àquela igreja, que ele costuma freqüentá-la.

João Alves pegou o dinheiro do contrato, muniu-se com um chicote e partiu domingo à noite. Postou-se próximo à igreja e esperou. Do lugar que se encontrava ouviu o início do culto. A congregação começou a cantar um hino: "Manso e suave, Jesus está chamando..."

João Alves gostou da melodia. Prestou atenção à letra:

"Amansa João Alves, Jesus está chamando..."

Não era possível! Como a congregação estaria sabendo que ele estava ali? como saberia de seus propósitos? No entanto, ouvia perfeitamente:

"Amansa João Alves, Jesus está chamando..."

João Alves não pôde resistir ao convite.

"Vinde a mim todos os que estais cansados e oprimidos!" (Mt 28.11a).

CONFIANÇA NO SENHOR

Um seminarista foi convidado a ajudar nos trabalhos de determinada igreja no Interior. Era um crente valoroso, muito confiante no poder de Deus e se entregava inteiramente à obra. A igreja tinha muitos pontos de pregação, e cada dia ele ia conhecer um trabalho diferente. Um domingo, à tarde, foi convidado a pregar em um certo lugar temido pelos crentes, pois havia forte oposição ao trabalho evangélico. Os valentões do lugar ameaçavam os crentes. O seminarista foi avisado.

– Vamos confiar em Deus e fazer a sua obra – disse o rapaz.

Em lá chegando, reuniram-se numa pracinha em frente a uma casa comercial. Havia ali alguns cavalos amarrados pelas rédeas, grupos de pessoas de chapéu grande e grandes facões na cintura.

O cântico do primeiro hino foi interrompido pela aproximação de um homem, que disse:

– Vamos acabar com esse negócio de Bíblia aqui.

– Por que o senhor acha que pode nos mandar parar?

– Eu não acho nada. Só não quero mais cantoria aqui, como já disse.

– O senhor vai me desculpar – disse o seminarista, – mas a Bíblia é a Palavra de Deus e ela nos autoriza, ou melhor, ela nos manda pregar o Evangelho.

Em seguida, leu para o valentão no capítulo 16 de Marcos, e em Atos dos Apóstolos, capítulo 1. Depois disse:

– Ainda mais. Nós não podemos nos calar, porque Jesus disse que se nós nos calarmos, as próprias pedras clamarão.

A confiança do seminarista intimidou aquele homem. Ele voltou para o seu grupo e a pregação foi reiniciada. Nunca mais os crentes encontraram ali qualquer dificuldade.

"Posso todas as coisas naquele que me fortalece" (Fp 4.13).

TOLERÂNCIA

Um empresário envolvido em grandes atividades foi mal interpretado por seu concorrente. Este lhe escreveu uma carta muito desaforada e humilhante. Ele, imediatamente respondeu nos mesmos termos, ofendendo profundamente seu antagonista, mas, antes de despachar a carta, procurou o pastor e contou-lhe o sucedido.

– Aguarde uns dias antes de colocar a carta no correio – disse o pastor.

Assim fez o empresário. Meditou durante dois dias e a cólera deu lugar à ponderação. Finalmente rasgou a carta e escreveu outra. Nela procurou esclarecer o mal-entendido.

Isso foi o suficiente para que o outro também se desculpasse, e nascesse, do episódio, uma boa e sólida amizade.

"Toda a amargura, e ira, e cólera, e gritaria, e blasfêmias e toda a malícia seja tirada de entre vós. Antes sede uns para com os outros benignos, misericordiosos, perdoando-vos uns aos outros, como também Deus vos perdoou em Cristo" (Ef 4.31,32).

A BÍBLIA - LEITURA SUFICIENTE

Em "Brasil Anedótico", de Humberto de Campos, encontramos a narração do seguinte episódio:

"Frei Francisco de São Carlos, o autor de 'Assunção', achava, apesar de sua cultura leiga, que os livros sagrados podiam satisfazer toda a fome do espírito. Certo dia, entrando na cela de um companheiro de clausura, encontrou-o aborrecido.

- "Que contrariedades são essas, irmão?

- "Estou aborrecido - informou o outro: não tenho nenhum livro para ler.

"E Frei Carlos voltou-se, ofendido:

- "E onde esta a vossa Bíblia, meu padre?"

"Permanece naquilo que aprendeste, e de que foste inteirado, sabendo de quem o tens aprendido. E que desde a tua meninice sabes as sagradas letras, que podem fazer-te sábio para a salvação, pela fé que há em Cristo Jesus. Toda a Escritura divinamente inspirada é proveitosa para ensinar, para redarguir, para corrigir, para instruir em justiça. Para que o homem de Deus seja perfeito, e perfeitamente instruído para toda a boa obra" (2 Tm 3.14-17).

O INIMIGO DE NOSSAS ALMAS

"O velho ratão, que vivia no bosque, mandou o filho em busca de comida; recomendou-lhe, porém, que se guardasse do inimigo.

Não tinha andado muito o ratinho, quando topou, de repente, com um galo. Voltou correndo, amedrontado e explicou o que tinha visto:

- Um bicho soberbo, de crista vermelha, arrogante!

- Não é esse o nosso inimigo, explicou o ratão.

Segunda saída e o ratinho deparou com um peru barulhento. Voltou correndo.

- Também não é esse o nosso inimigo. Nosso inimigo caminha silencioso, cabeça baixa; é macio; é discreto, de aparência amável, dando a impressão de inofensivo e muito bondoso. Cuidado com ele!"

"Sede sóbrios, vigiai; porque o diabo, vosso adversário, anda em derredor, bramando como leão, buscando a quem possa tragar. Ao qual resisti firmes na fé..." (1 Pe 5.8,9a).

O VELHO JOÃO HARTMAN

O velho pai dirigiu-se ao oficial no lugar onde se travara uma sangrenta batalha. Chamava-se João Hartman. Ele tinha um filho e o moço não voltara da batalha. Possivelmente estava morto. Mas o pai não se satisfez: não concordara com a explicação do oficial. Começou a procurar o filho querido. Anoitecia, e ele continuava procurando. Não enxergava mais senão os vultos, mas persistia na procura. Chamava-o pelo nome, que também era o seu próprio:

- João Hartman... João Hartman..., teu pai te procura...

Continuou gritando, e perdeu a noção do tempo:

- João Hartman, meu filho..., teu pai te procura...

Ouviu uma voz fraca responder ao apelo.

- Aqui estou, pai.

- Graças a Deus, - disse o velho.

Juntando sua reserva de forças, carregou aquele filho querido nos braços, levando-o para ser socorrido.

"Que homem dentre vós, tendo cem ovelhas, e perdendo uma delas, não deixa as noventa e nove, e vai após a perdida até que venha a achá-la? E achando-a, a põe sobre seus ombros, gostoso. E, chegando a casa, convoca os amigos e vizinhos, dizendo-lhes: Alegrai-vos comigo, porque já achei a minha ovelha perdida" (Lc 15.4-6).

SALVOU O MENINO DO INCÊNDIO

Um homem salvara um menino de um incêndio, onde pereceram os seus pais. Além de salvá-lo do fogo, tornou-se seu pai por adoção, em vista de sua orfandade. O garoto não se cansava de ouvir a mesma história repetida vezes e vezes pelo seu salvador, que no incêndio também perdera um braço.

O menino fez-se homem e continuava grande amigo de seu pai adotivo. Este costumava dizer:

– Se eu conquistei este jovem pelo meu braço queimado, muito mais Jesus conquistou os homens pela sua vida!

"Cristo morreu por nossos pecados, segundo as Escrituras" (1 Co 15.3).

VENCIDO POR JESUS

Ao se despedir de sua família para embarcar para os Estados Unidos, onde ia com o fim de enriquecer, Tsuquiama, ante apelos insistentes de sua família, prometeu:

– Sei que vou para um país cristão, mas nunca serei um deles, pois odeio o cristianismo.

Mas quando chegou à América, sozinho, Tsuquiama, triste com o budismo que abraçava desde criança, não pôde conter o ímpeto que teve de ler uma Bíblia que ganhara. As palavras de Jesus faziam um grande apelo ao seu coração, mas ele tinha prometido à sua mãe: – "Nunca serei um cristão. Eu odeio o cristianismo".

Mas teve a felicidade de ler Mateus 10.37: "Aquele que não renunciar pai e mãe não é digno de mim..."

Resolveu renunciar a tudo: pai, mãe, religião. Deixou tudo por amor de Cristo e, em abril de 1908, na igreja, levantou-se para confessar a Cristo como seu Salvador. Depois de 13 anos de ausência, em 1918, voltou ao Japão. Voltou como missionário, e teve a grande alegria de ver a sua família toda – um por um – render-se a Jesus.

"Ó profundidade das riquezas, tanto de sabedoria, como da ciência de Deus! Quão insondáveis são os seus juízos, e quão inexcrutáveis os seus caminhos!" (Rm 11.33).

O FILHO MORREU NA GUERRA

Uma senhora procurou o pastor de sua igreja. Estava desesperada. Recebera um telegrama do Exército, com uma medalha, anunciando que seu filho tinha morrido na Segunda Guerra Mundial.

– Pastor, não creio em mais nada. Tanto que eu orei pelo meu filho e o meu filho morreu na guerra! Por que Deus não guardou o meu filho? por quê?...

O pastor ficou penalizado com o estado de desespero da pobre mãe. Aconselhou-a a ser forte. Disse-lhe:

– Minha irmã, a guerra é produto da maldade dos homens. E existem milhares de pessoas morrendo na guerra. A senhora orou pelo seu filho. A igreja orou pelo seu filho. – A senhora crê que dos milhares de jovens que estão na guerra, possa existir alguém que não tenha um parente, um amigo orando por ele? Mas nós, os crentes, sabemos que "todas as coisas contribuem juntamente para o bem daqueles que são chamados por seu decreto" (Rm 8.28).

"Quão insondáveis são os seus juízos, e quão inexcrutáveis os seus caminhos!" (Rm 11.33b).

RECUSOU O NOIVO NO ÚLTIMO MOMENTO

Uma jovem crente, membro de igreja denominacional onde era muito ativa, conheceu um rapaz não-crente e começou o namoro. Os primeiros encontros foram muito alegres. O rapaz, muito amável, satisfazia-lhe todas as vontades, inclusive, acompanhava-a à igreja pacientemente. Assistia aos cultos e até freqüentava as reuniões de mocidade.

Depois da festa de noivado, ele se retraiu um pouco. Já não ia com freqüência à igreja; levava a moça, deixava-a à porta e tomava outro destino. Vinha buscá-la mais tarde. Um dia, por causa de nada, chamou-a de fanática.

– Você é uma fanática. Só pensa em igreja... igreja...

Chegou a data marcada para o casamento. O noivo, ao lado do pai, recebeu do sogro a noiva, lindamente vestida. De braços dados caminhavam lentamente em direção ao púlpito, onde o pastor os esperava para a cerimônia. O noivo aproveitou, e num cochicho à noiva, disse:

– Aproveite bem a oportunidade, porque é a última vez que você vem a esta igreja.

Foi uma revelação estarrecedora para a moça; ela ficou seriamente preocupada.

O pastor iniciou a cerimônia. Leitura da Bíblia, partes especiais, conselhos... Perguntou ao rapaz:

– O senhor aceita esta jovem como sua legítima esposa?

– Sim – foi a resposta pronta do rapaz.

– A senhorita aceita este jovem como seu legítimo esposo?

A moça não respondeu. Houve um momento de expectativa. O pastor insistiu:

– A senhorita aceita este jovem como seu legítimo esposo?

– Não, pastor! Não quero me casar com este rapaz. Prefiro ficar com Cristo e com a minha igreja!

"Quem ama seu pai, ou a sua mãe... mais do que a mim, não é digno de mim". "E quem não toma a sua cruz, e não segue após mim, não é digno de mim" (Mt 10.37,38).

VOLTE MEU FILHO!

A criança se rebela contra o pai que o aconselha desde pequeno: "Não faça isso!"

Um rapaz, mal atingira a idade suficiente, fugiu de casa, deixando seus pais em sobressalto. Andou por muitos lugares, perambulou como mendigo e arrependeu-se do mau passo. Achava agora que teria sido melhor ter seguido o conselho dos pais. Era enorme o seu sofrimento: fome, fadiga, armadilhas do mundo cruel. Voltar para casa, sim: era esse o seu desejo,mas como seria recebido?

Certo dia aproximou-se de uma igreja que estava em horário de culto. A congregação cantava um lindo hino do qual ele se lembrava muito bem. Relutou, aproximou-se da porta e o porteiro mostrou-lhe um lugar. Qual não foi, porém, a sua surpresa, ao ver ao lado do púlpito, um retrato seu, tamanho grande, com os dizeres: "Onde quer que estejas, e da forma que estiveres, volta, meu filho, porque teu pai, tua mãe e teus irmãos te aguardam com uma festa".

Tomou logo a decisão. Voltou para casa onde realmente a festa aconteceu. Mas estava intrigado. Perguntou ao pai como coincidira ter entrado naquela igreja onde estava o seu retrato. O pai explicou: Tinha mandado colocar o retrato em todas as igrejas daquela cidade.

"Mas o pai disse aos servos: Trazei depressa o melhor

vestido, e vesti-lho, e ponde-lhe um anel na mão, e alparcas nos pés. E trazei o bezerro cevado, e matai-o; e comamos e alegremo-nos, porque este meu filho estava morto, e reviveu; Tinha-se perdido, e foi achado. E começaram a alegrar-se" (Lc 15.22-24).

ESCOLHER SEMPRE O MELHOR

Certo jovem, criado com a sua família numa igreja, teve uma experiência diferente na comemoração do seu vigésimo primeiro aniversário. Resolveu sair com uns amigos não-crentes, e, num bar, tomou algumas cervejas. Ele não sabia qual seria a reação do seu organismo, pois nunca antes tinha bebido. O resultado foi saírem embriagados, e, com um revólver de brinquedo, assaltarem um homem, tomando-lhe o relógio e uns minguados cruzeiros. A vítima compareceu à Delegacia e os rapazes foram presos imediatamente, com o produto do roubo.

A família do crente constituiu um advogado. Este tomou as medidas jurídicas cabíveis, aconselhou o rapaz a voltar-se para Deus, conseguiu uma declaração do pastor, e uma matrícula em escola noturna, bem como trabalho com carteira assinada; enfim, tudo que pudesse provar estar integrado o moço em uma vida honesta. Respondeu em liberdade, e, no julgamento, o próprio promotor público pediu a sua absolvição.

Regozijando ainda pelo resultado alcançado pelas orações e pelo trabalho, o advogado foi procurado por outra mãe aflita, com o filho da mesma idade, em idêntica situação. Fora preso na Zona Sul da cidade e estava há dois meses numa cela da Delegacia. Procurou o rapaz e contou-lhe a experiência do caso anterior.

- Você precisa confessar que fez isso num momento de insensatez, que vai integrar-se na vida honesta, voltar para a igreja, para a escola, para um trabalho.

- Não, doutor. O senhor está enganado - disse o jovem. - Eu não vou me regenerar.

O advogado procurou a senhora crente e lhe deu a triste notícia:

- Não posso defender o seu filho. Ele não pretende cooperar. Seria perder o meu tempo e o seu dinheiro.

Uma semana depois a imprensa publicou a morte daquele rapaz. Tinha havido uma rebelião no xadrez da Delegacia e ele fora atingido por um projétil de arma de fogo, morrendo instantaneamente.

"Porém, zombaram dos mensageiros de Deus e desprezaram suas palavras e mofaram dos seus profetas até que o furor do Senhor subiu tanto contra o seu povo, que não mais nenhum remédio houve" (2 Cr 36.16).

JOVEM, LEIA A BÍBLIA!

Acostumado a todo conforto no lar, Marcos estava encontrando dificuldades no colégio interno. Além da disciplina, horário para as refeições, arrumação das dependências que ocupava, havia ainda outra dificuldade mais séria: Não havia dinheiro que chegasse. Escrevia periodicamente ao pai:

- Mande dinheiro, papai!

- Leia a Bíblia, meu filho - respondia o pai.

O tempo ia passando e as dificuldades do jovem aumentando. O rapaz estranhava que o pai, sempre tão liberal, agora não lhe mandasse o dinheiro pedido. Só sabia dizer: "Leia a Bíblia!"

- Papai, preciso desesperadamente de dinheiro.

- Leia a Bíblia, dizia novamente o pai.

Com grandes dificuldades o moço chegou ao período de férias. Seu pai foi buscá-lo de carro, e ouviu as lamentações.

- Tanto que pedi ao senhor que me mandasse dinheiro e o senhor não mandou. Só mandava eu ler a Bíblia.

- E você a leu alguma vez? - perguntou o pai.

- Não, papai. Confesso que não li nenhuma vez.

- Essa é a razão da sua dificuldade. Vá buscar a sua Bíblia.

O rapaz obedeceu.

- Abra-a - disse novamente o pai.

O jovem abriu-a. Estava repleta de notas de alto valor, que o pai, ali, secretamente tinha colocado.

"Desfaleceu a minha alma, esperando por tua salvação, mas confiei na tua Palavra. Lâmpada para os meus

pés é a tua Palavra, e luz para o meu caminho" (Sl 119.81,106).

UM FILHO DESVAIRADO

Um filho desvairado, julgando pouco o grande mal que causavam ao velho pai os desatinos que praticava, ameaçou-o ainda de noite. Preso em flagrante, praticando outro crime, estava agora trancafiado num xadrez, em pleno inverno. O velho pai sabia que o filho era capaz de cumprir a ameaça, por isso temia.

– Que podia um pobre velho contra a fúria e a força de um jovem desatinado?

Aproveitou a sua prisão e foi falar com o juiz que o condenara:

– Doutor juiz, eu vim pedir ao senhor que não solte o meu filho. É que ele está me ameaçando de morte e eu o conheço perfeitamente para saber que ele pode cumprir a ameaça. Não é ele não, doutor. É o vício que o domina.

E não podendo conter a grande tristeza de que estava possuído, complementou ao juiz:

– Mas peço que o senhor me faça um favor. Mande entregar a ele este dinheiro e este cobertor.

"Ouviste o que foi dito: Amarás o teu próximo e aborrecerás o teu inimigo, eu, porém, vos digo: amai a vossos inimigos, bendizei os que vos maldizem, fazei bem aos que vos odeiam, e orai pelos que vos maltratam e vos perseguem" (Mt 5.43,44).

MANDE EMBORA O SEU FILHO

Jesus disse: "No mundo tereis aflições". Em todos os lares existem problemas e dificuldades. Assim acontecia também no lar do senhor Antônio. Tinha uma família numerosa. Todos os seus filhos eram muito bons e obedientes, com exceção do filho mais velho, que não ia com a maioria. Não queria estudar, não parava em emprego, não se dava com ninguém; era, enfim, um problema. Um amigo disse um dia ao senhor Antônio:

– Não sei como o senhor tem tanta paciência com o seu filho. Ele já é adulto. Mande-o embora e fique sossegado.

Mas o senhor Antônio era um pai paciente. Sabia que um dia aquele filho ingrato compreenderia o mal que estava causando a todos. Então respondeu ao amigo:

– Eu não o mando embora, porque ele é meu filho!

"Como um pai se compadece de seus filhos, assim o Senhor se compadece daqueles que o temem" (Sl 103.13).

MEU PAI, ESTE DIPLOMA LHE PERTENCE

Muitas histórias se têm contado de pais que muito se esforçaram para garantir o futuro dos filhos. Mães viúvas que trabalharam humildes e anonimamente com esse ideal.

Um jovem, em solenidade que se realizava, acabara de receber das mãos do reitor o seu diploma de médico. Seus pais eram muito pobres e trabalhavam até agora para o pagamento da mensalidade na faculdade. Mas ele soube aproveitar o tempo, e com a ajuda que pedia a Deus, era o primeiro da turma. Como tal, estava recebendo uma distinção especial.

Recebeu o diploma, agradeceu as referências elogiosas, e, ante a admiração de todos, encaminhou-se em direção ao velho pai presente, e, entregando-lhe o papel, disse:

- Pai, este diploma te pertence.

"Sede agradecidos!" (Cl 3.15b).

ANTES E DEPOIS DO CASAMENTO

Um rapaz conheceu uma moça muito bonita. Olhares macios, flertes, mãos dadas: era o namoro. Um dia choveu durante um passeio. O rapaz abriu gentilmente o guarda-chuva, cobriu a namorada atencioso, e ficou todo ensopado.

Encontros regulares, passeios, preparação para o casamento, corre-corre, moradia, móveis, pequenas brigas: era o noivado. Um dia choveu e os dois se abrigaram igualmente sob o mesmo guarda-chuva: cada um se molhou um pouco.

Lutas, dificuldades, emprego, desemprego, aluguel pela hora da morte, despesas escolares, médico, roupa, sapato. O marido queria uma coisa, a mulher queria outra: era o casamento. Choveu torrencialmente e a chuva surpreendeu o casal na rua. O marido abriu o guarda-chuva. Abrigou-se e a mulher ficou do lado de fora...

Isso é somente uma alegoria. Mas, infelizmente, muita gente está fazendo assim. Casamento sem base cristã, é casamento sem felicidade.

"Vós, mulheres, sujeitai-vos a vossos maridos, como ao Senhor". "Vós, maridos, amai vossas mulheres, como também Cristo amou a Igreja, e a si mesmo se entregou por ela" (Ef 5.22,25).

A HUMILDADE DE ALEXANDRE

Em suas guerras de conquista, Alexandre enviou uma mensagem ao sumo sacerdote em Jerusalém, ordenando que mandasse provisões para suas tropas. Mas o sumo sacerdote tinha prometido fidelidade a Dario, inimigo de Alexandre, e por isso recusou-se. Colérico, Alexandre prometeu:

- Irei até Jerusalém, devasta-la-ei, e matarei esse sumo sacerdote.

Com uma força irresistível, Alexandre ia deixando para trás as terras conquistadas, até que se aproximou de Jerusalém. O sumo sacerdote apresentou a Deus o seu caso, em oração. Conhecia o poder do grande conquistador. Sonhou que tivera um encontro com Deus. Recebeu assim uma mensagem de confiança: "Que tivesse coragem, ânimo, que adornasse a cidade, que abrisse as portas e que todos os sacerdotes se apresentassem de branco, sem temer as conseqüências."

Quando Alexandre se deparou com o sumo sacerdote, caiu de joelhos. Um dos comandados se aproximou dele depois desse assombroso ato de humildade, e lhe disse:

- Por que estás ajoelhado, tu, que jamais te ajoelhaste diante de um homem, tu que conquistaste o mundo?

- Não estou adorando o sumo sacerdote, mas o Deus que o honrou com esse sumo sacerdócio, porque vi essa pessoa num sonho com esse mesmo hábito, quando me encontrava em Dios, na Macedônia...

Então, Alexandre acompanhou o sumo sacerdote, entrou na cidade santa, e, subindo ao Templo, ofereceu sacrifícios a Deus, Jeová.

"Celebrai com júbilo ao Senhor, todos os moradores da terra. Servi ao Senhor com alegria, e apresentai-vos a ele com canto" (Sl 100.1,2).

PREFERIU SALVAR A MENININHA

Um aventureiro embarcou para a Austrália à procura de ouro, e, depois de muito trabalhar, ficou rico. De posse de sua fortuna, embarcou com outros companheiros de volta à pátria. Lá iria viver como sonhara: livre das necessidades que a pobreza impõe.

Durante a viagem, houve um naufrágio. Perderam-se os barcos salva-vidas e o desespero tomou conta de todos, mas o nosso herói achou que podia vencer a distância que o separava da terra, mesmo nadando com o peso de ouro que possuía. Mas, repentinamente ouviu uma voz de criança que apelava:

– O senhor pode me salvar?

O aventureiro olhou para o saco de ouro, olhou novamente para a criança, indeciso. Mas não durou muito tempo a sua indecisão: desembaraçou-se do tesouro, colocou a menina sobre os ombros, e nadou em direção à costa: lutou até quase perder as forças, mas conseguiu alcançar a praia. Exausto, desmaiou ao chegar. Quando recobrou os sentidos, sentiu os bracinhos da menina ao redor do pescoço. Ela o beijava e dizia:

– Estou salva. Estou salva graças ao senhor.

Ele ficou meditando. Só aquele gesto da menina valia mais do que todo o ouro da Austrália.

"Deixai vir os meninos a mim, e não os impeçais; porque dos tais é o reino de Deus". "Assim também não é da vontade de vosso Pai, que está nos céus, que um destes pequeninos se perca!" "Amarás ao teu próximo como a ti mesmo" (Mc 19.14b; Mt 18.14; Mt 22.39b).

A PORTA NUNCA SE FECHOU

Uma certa moça do Interior foi traída por um rapaz,

enganada na sua confiança. Sua desdita corria de boca em boca e ela, envergonhada, fugiu para bem longe.

O adágio é que uma desgraça nunca vem só. Ela passou por toda espécie de sofrimento. Pior do que o homem, nessas situações, a mulher é discriminada na sociedade, no trabalho, nos estudos. Ela tornou-se um objeto, sem ter onde morar, sem emprego, perseguida. Por fim adoeceu, e morreria não fosse um bom samaritano que lhe conseguiu o dinheiro de uma passagem de retorno ao lar. Foi esta a última e mais acertada decisão. Esqueceu a vergonha, esqueceu as tristezas que causara aos pais. Esqueceu tudo e voltou para casa. Ao se aproximar da residência ainda pensou em desistir, mas não podia mais. Aproximou-se devagar, para entrar sem ser vista. Estranhou que a porta estivesse aberta. Não conteve as lágrimas. Foi ter com a sua mãe.

Perdão, mamãe, pelo grande desgosto que lhe dei.

– Esqueça-se! – disse a mãe. – Desde a sua partida eu nunca fechei essa porta, na certeza de que você voltaria.

Abraçaram-se e choraram juntas. Agora era um choro de alegria.

"Não erreis: Deus não se deixa escarnecer; porque tudo o que o homem semear, isso também ceifará". "Vós, filhos, sede obedientes a vossos pais no Senhor, porque isto é justo. Honra a teu pai e a tua mãe, que é o primeiro mandamento com promessa" (Gl 6.7; Ef 6.1,2).

LANÇA O TEU PÃO

Ouvimos em algum lugar contar uma bela história sobre retribuição de favores, envolvendo duas ilustres personagens deste século:

Na mocidade foram amigos – Churchill e Fleming. Havia uma pequena diferença de idade, e uma grande diferença social.

Um dia, quando nadavam numa piscina, Fleming ia se afogando e seu atlético amigo o salvou.

Os anos se passaram. Churchill tornou-se um grande estadista e Fleming um grande cientista. Então Churchill foi acometido de pneumonia, doença que até então, em grande número de casos, era fatal. Mas o seu grande amigo Fleming tinha o remédio que o enfermo precisava. Era a penicilina.

Desse modo ele retribuiu o favor devolvendo a vida que devia ao seu amigo Churchill.

"Lança o teu pão sobre as águas, porque depois de muitos dias o acharás" (Ec 11.1).

SALVOU SEU PRÓPRIO IRMÃO

Um grupo de náufragos chegou à praia com o auxílio de seus salvadores. Mas o capitão-comandante não estava satisfeito. Faltava gente. Ordenou novas buscas. Pediu voluntários e um grupo de marinheiros se apresentou.

Entre os voluntários estava um rapaz cujo irmão não fora encontrado. A mãe dele, presente, não concordou:

– Não vá meu filho! O seu irmão já morreu. Agora só me resta você. O que será de mim, meu filho?

– Mamãe – disse o rapaz. Depois da oração do capitão senti desejo de ir. Não me impeças, sim?

Partiu. A mamãe ficou orando por ele. As horas iam passando. Madrugada já, aparecem umas luzes vindas do mar. Era o grupo de salvamento que voltava em suas barcas.

Quando chegaram à praia a alegria de todos foi muito grande. Recuperaram ainda um bom número de sobreviventes, mas a maior alegria ficou com aquela pobre mãe do voluntário. É que ele voltava, e trazia o seu irmão consigo. Tinha conseguido sobreviver e ali estava agora, abraçado à mãe e ao irmão.

"E tudo quanto fizerdes, fazei-o de todo o coração, como ao Senhor e não aos homens. Sabendo que recebereis do Senhor o galardão da herança, porque a Cristo, o Senhor, servis" (Cl 3.23,24).

A RETIDÃO DO TESOUREIRO

O tesoureiro da corte ia fazendo o seu trabalho com grande eficiência, mas o Califa quis experimentá-lo. Todos os dias durante uma semana, retirava uma moeda sem que o tesoureiro soubesse. Estranhou, no entanto, que um funcionário que exercia um cargo de confiança, como é o de tesoureiro, não comunicasse ao soberano a falta de dinheiro que ele próprio tirava. Chamou o Vizir e comentou:

- Tenho experimentado a honestidade do tesoureiro. Durante uma semana tenho retirado uma moeda todos os dias, e ele não me comunicou a falta.

O Vizir então compreendeu tudo. Perguntou em que período de tempo ele fazia a retirada. Coincidia com o período em que o Vizir, fazendo a mesma experiência, colocava uma moeda a mais na caixa do dinheiro.

- Oh! majestade, o tesoureiro é honrado, respondeu.

"E o seu senhor lhe disse: Bem está servo bom e fiel! Sobre o pouco foste fiel, sobre muito te colocarei: entra no gozo do teu Senhor" (Mt 25.21).

NÃO DESANIMAR!

Imaginemos a responsabilidade de um concertista numa noite de estréia! Palco, luzes, platéia, jornalistas, crítica, alta classe social. Toda a sorte de motivação. Daquela noite depende o seu futuro. Será ou não a consagração de um ideal, de muitos anos de preparação?!

Um jovem fazia a sua estréia. Quando era grande a atenção do público, arrebentou-se uma das cordas do seu violino. O auditório prendeu a respiração por uns momentos. O moço continuou impávido. No final recebeu os cumprimentos de todos. Mas momento culminante aconteceu quando foi cumprimentado pelo professor. O jovem explicou:

- Professor, por uma fração de segundo pensei em desistir, mas olhei para o senhor, sentado bem na minha frente, e o seu olhar me infundiu confiança.

"Portanto nós também, pois que estamos rodeados de uma tão grande nuvem de testemunhas, deixemos todo o embargo, e o pecado que tão de perto nos rodeia, e corramos com paciência a carreira que nos está proposta. Olhando para Jesus, autor e consumador da fé" (Hb 12.1,2a).

DEUS PODE CONDENAR O HOMEM

Um homem, estudioso e inteligente, procurou um pastor dizendo que tinha grande dificuldade de compreender como Deus é capaz de mandar um homem, sua própria criatura, a um julgamento, e, finalmente, condená-lo ao Inferno.

Pacientemente, o pastor mostrou-lhe que a Bíblia ensina a lei moral de Deus; mas afirma que a salvação está ao alcance de todos os homens. Fê-lo pensar nas leis da natureza, mostrando que a quebra dessas leis, mesmo tão simples, traz também, como resultado, punições ou conseqüências certas e justas.

Com relutância, o homem aceitou o fato de que a desobediência, ou desrespeito às leis de Deus, tem como conseqüência a condenação, porque, desobediência é pecado, e a punição para o pecado é o Inferno.

Angustiado, o homem disse ao pastor:

- Eu daria tudo o que tenho para poder modificar isso.

- É justamente este o ponto, meu amigo. - Disse o pastor. - Deus deu Jesus Cristo, seu Filho, para perdoar os pecados daquele que nele crer. Basta ao homem arrepender-se dos seus pecados, crer em Jesus e estará absolvido por Deus.

"Portanto convém-nos atentar com mais diligência para as coisas que já temos ouvido, para que em tempo algum nos desviemos delas. Porque, se a palavra falada pelos anjos permaneceu firme, e toda a transgressão e desobediência recebeu a justa retribuição, como escaparemos nós, se não atentarmos para uma tão grande salvação, a qual, começando a ser anunciada pelo Senhor, foi-nos depois confirmada pelos que a ouviram!?" (Hb 2.1-3).

CRISTO, A ALAVANCA

O sábio da antiguidade, que saiu pelas ruas de Siracusa gritando: "Heureka! heureka!", chamava-se Arquimedes. A ele se atribuem muitas invenções em uso ainda hoje, como o parafuso, a roldana, as rodas dentadas, a alavanca, etc. É também fato histórico que manteve os romanos afastados durante anos, quando tentavam tomar a sua cidade natal. Ele utilizava espelhos para incendiar as embarcações romanas.

Certa ocasião, interpelado pelo rei, Arquimedes respondeu: – "Dai-me uma alavanca e um ponto de apoio e eu levantarei o mundo".

"Porque ninguém pode pôr outro fundamento, além do que já está posto, o qual é Jesus Cristo. Segundo a graça de Deus que me foi dada, pus eu, como sábio arquiteto, o fundamento, e outro edifica sobre ele, mas veja cada um como edifica sobre ele" (1 Co 3.10,11).

EMBRULHOS DE PRESENTES PARA VOCÊ

Um crente sonhou que, chegando ao Céu, lá encontrou muitos embrulhos de presentes, em cujos rótulos via-se o seu nome. Indagou qual o motivo de não ter recebido na terra aqueles presentes, se sempre fora um crente muito necessitado. Um anjo respondeu:

– Esses presentes sempre estiveram aqui à sua disposição, mas você nunca os pediu!

"Pedi, e dar-se-vos-á; buscai, e encontrareis; batei, e abrir-se-vos-á. Porque, aquele que pede, recebe; e, o que busca, encontra; e, ao que bate se abre" (Mt 7.7,8).

UM COMERCIANTE SE ENCONTRA COM DEUS

Assim relatou um comerciante o seu encontro com Deus:

– "Eu era muito pobre, mas me esforcei tanto, que um dia me tornei rico. Não pensava em Deus; pensava que tinha chegado àquele ponto por meus próprios méritos.

"Tinha uma casa luxuosa, carros, muito dinheiro no banco, uma esposa bonita e três filhos perfeitos."

Um dia o seu filho mais novo ficou doente. Pela primeira vez na vida, o comerciante reconheceu que não era ele que controlava todas as coisas. Sentado em vigília junto ao pequenino enfermo, no hospital, sentiu a pergunta de Deus:

– "Com que dinheiro você paga o sol, a lua, a chuva, o

ar, tudo o que precisa para viver? Com que dinheiro você vai comprar a saúde do seu filho?"

"Do Senhor é a terra e a sua plenitude; o mundo e aqueles que nele habitam. Porque ele a fundou sobre os mares, e a firmou sobre os rios" (Sl 24.12).

O BOM JUIZ

Raimundo Correia foi juiz de direito no Rio de Janeiro, e conta-se que, dentre os muitos crimes que julgou sabiamente, figura um, cuja sentença é digna de Salomão:

- Um açougueiro fora ferido a facão pelo seu empregado. Mas este, segundo os autos, revidara com isso a insultos e ofensas que sofria todos os dias por parte do patrão. Nesse dia não se conteve e feriu-o.

Raimundo Correia, na presença de ambos - vítima e réu - diz:

- Vou absolver o culpado, pois a vítima tem uma parcela de culpa. Mas só o farei com uma condição: se os dois não guardarem ódio.

E, aconselhando-os sobre a não-violência, perguntou-lhes:

- Vocês têm religião?

- Sim - responderam ambos.

- Então, daqui para a frente sejam amigos.

"Vós, servos, obedecei a vossos senhores [patrões] *segundo a carne, com temor e tremor, na sinceridade do vosso coração, como a Cristo, não servindo à vista, como para agradar aos homens, mas como servos de Cristo, fazendo de coração a vontade de Deus... e vós, senhores, fazei o mesmo para com eles, deixando as ameaças, sabendo também que o Senhor deles e vosso está no céu, e que para com ele não há acepção de pessoas"* (Ef 6.5,6,9).

SOCORRENDO ZOMBADORES

Um jovem crente voltava de sua igreja depois de ter participado de um culto de oração. Ao passar por uma rua escura, foi escarnecido por dois rapazes que, animados, talvez por algum estimulante, dirigiam-lhe palavras com intuito de ofendê-lo: "Aleluia! Aleluia, irmão!" "Você não pode chegar tarde em casa, seu bíblia."

O moço crente continuou impassível. Tentou responder amavelmente às provocações, depois calou-se. Calou-se e prosseguiu o seu caminho. Os provocadores passaram-lhe à frente, o moço diminuiu a marcha, aumentando a distância.

Bem à frente, alguns minutos depois, encontrou-os caídos no chão, gemendo. Tinham sido assaltados por bandidos e feridos.

Rapidamente o crente os socorreu, providenciando condução para um hospital. Os moços zombadores, agora envergonhados, não se cansavam de pedir desculpas ao bom samaritano.

"Mas eu vos digo que de toda a palavra ociosa que os homens disserem hão de dar conta no dia do juízo. Porque por tuas palavras serás justificado, e por tuas palavras, serás condenado". "O servo do Senhor... deve ser... paciente" (Mt 12.36,37; 2 Tm 2.24).

O SUICÍDIO DE STEFAN ZWEIG

Stefan Zweig, escritor judeu austríaco, nascido em 1881, suicidou-se com a esposa em Petrópolis em 1942, abalado pela tragédia da Segunda Guerra Mundial, deixando um bilhete no qual dizia, entre outras coisas:

"Depois dos sessenta anos um homem não tem em si mais reservas de energia que o ajudem a enfrentar as dificuldades da vida..."

"Mas os que esperam no Senhor renovarão as suas forças, subirão com asas como águias; correrão e não se cansarão; caminharão, e não se fatigarão" (Is 40.31).

DEU TUDO E RECEBEU DE VOLTA

No final do século passado, na Inglaterra, Carlos Studd, um dos maiores desportistas, herdou uma fortuna para a época: 29 mil libras esterlinas. Mas ele não quis. Ficou com medo que esse dinheiro viesse a atrapalhar a sua vida. Resolveu investi-lo nas coisas de Deus. Enviou 5 mil libras para Hudson Taylor, na China; 5 mil para William

Booth, fundador do Exército da Salvação e 5 mil para Moody, para que iniciasse o Instituto Bíblico Moody. Assim, ficara somente 3400 libras, com que presenteou a esposa no dia do casamento.

Quando sua esposa recebeu o dinheiro, disse:

- Jesus pediu ao jovem rico que desse tudo.

Então enviaram o restante anonimamente ao General Booth. Depois Carlos Studd disse:

- Agora nós nos achamos na privilegiada situação de poder dizer que não "possuímos nem prata nem ouro" (At 3.6).

Tempos depois, Deus chamou Carlos Studd para ser missionário na China, e depois na África. Ele fundou a Cruzada de Evangelização Mundial, que hoje tem mais de mil missionários em todo o mundo. Ele foi, como missionário, beneficiado pelo próprio dinheiro que doara.

"Pela fé Moisés, sendo já grande, recusou ser chamado filho da filha de Faraó, escolhendo antes ser maltratado com o povo de Deus do que por um pouco de tempo ter o gozo do pecado; tendo por maiores riquezas o vitupério de Cristo do que os tesouros do Egito" (Hb 11.24-26).

MISSIONÁRIOS ENTRE OS ÍNDIOS

Um casal de missionários entre os índios, no interior do Estado do Amazonas, não foi bem recebido. Além das dificuldades de transporte, bagagem, acomodação, cuidado com os filhos, ainda a grave ameaça dos indígenas, querendo destruir o acampamento recém-iniciado.

Mas não faltou fé e coragem àqueles servos de Deus. Enquanto do lado de fora, à noite, os índios ameaçavam atear fogo ao abrigo, os crentes, ajoelhados, oravam ao Senhor. Foi uma noite inteira de vigília de oração, que continuou, mesmo depois de os índios se terem dispersado.

Os missionários foram ficando..., fazendo o seu trabalho. Um dia, o primeiro índio se converteu. O missionário lembrou-se, então, daquela angustiosa primeira noite, e perguntou ao novo crente porque milagrosamente os índios tinham desistido de molestá-los. Ele respondeu que tinham visto a cabana do missionário guardada por muitos soldados, e por isso desistiram de atacá-la.

"Porque ele te livrará do laço do passarinheiro, e da peste perniciosa. Ele te cobrirá com as suas penas, e debaixo das suas asas estarás seguro; a sua verdade é escudo e broquel. Não temerás espanto noturno, nem seta que voe de dia" (Sl 91.3-5).

DAR TUDO PARA JESUS

João Bisagno, pastor evangélico em Houston, no Texas, EUA, dedica o seu coração à evangelização: tem programa em 42 emissoras de TV, e a sua igreja é uma das maiores do mundo.

Um dia Bisagno decidiu evangelizar o diretor de uma grande companhia petrolífera. Marcou entrevista, orou e se dirigiu para o importante encontro.

Sentado à frente do visitado, abriu a sua Bíblia e explicou com clareza o plano de salvação. Insistiu em que aquele homem de negócio aceitasse Jesus em seu coração. Transparecia no modo educado do diretor o desejo de pôr logo fim à entrevista. Então perguntou ao pastor:

– Quanto devo pagar para ser membro de sua igreja?

O pastor, decididamente respondeu:

- Tudo. O senhor terá de dar a Deus todos os centavos que possui, cada minuto de sua vida, tudo!... Se Deus não merece tudo do senhor, então não merece coisa nenhuma.

Alguns dias depois, lá estava, no horário do culto, na igreja, o diretor da firma petrolífera. Assistiu ao culto, converteu-se e entregou a sua vida a Jesus. Tornou-se, a partir de então, uma bênção no trabalho de Deus.

"E não somente fizeram como nós esperávamos, mas a si mesmos se deram primeiramente ao Senhor, e depois a nós, pela vontade de Deus" (2 Co 8.5).

O DIAMANTE "PRESIDENTE VARGAS"

Foi no dia 13 de agosto de 1938 que o garimpeiro Joaquim Venâncio Thiago, segurando o cascalho na sua peneira, deparou com o terceiro diamante de maior valor no mundo, e o primeiro no Brasil. Pesava 726 quilates. A imprensa do mundo inteiro noticiou a descoberta.

Com medo de ser assaltado, o possuidor de uma tão

grande fortuna, escondeu-se no mato por algum tempo. Depois vendeu a preciosa pedra. Comprou uma fazenda de criação de gado, uma loja de peças de automóveis e passou a ser um homem rico.

Todo homem rico tem muitos "amigos", e Joaquim não fugiu à regra. Foi procurado por muita gente rica para entrar em negócios que não conhecia. Foi avalista de muitos títulos. Mais tarde trocou a fazenda por umas casas e um sítio, e foi perdendo tudo, pois os títulos não pagos iam-lhe minando a riqueza. Os "amigos" desapareceram, perdeu tudo, e o seu estado de miséria passou a ser pior do que o anterior. De nada lhe valeu tão grande riqueza.

Em 1970, agosto, precisamente 32 anos depois, o senhor Joaquim veio ao Rio de Janeiro. Recebeu convite para assistir a um culto numa igreja evangélica. O pastor da igreja, sabedor da história do diamante "Presidente Vargas", pregou uma mensagem que intitulou: "Em busca do diamante eterno".

O senhor Joaquim ouviu atentamente a mensagem que lhe tocou profundamente o coração. Foi à frente decidido a aceitar Jesus como seu Salvador.

Joaquim, depois de ter passado pela experiência de homem rico e ter perdido tudo, dissera certa vez: "Quem sabe se algum dia encontrarei outra pedra mais preciosa do que esta."

– Hoje, ele confessa que ser discípulo de Jesus é melhor do que possuir qualquer pedra de raro valor.

"Também o reino dos céus é semelhante a um tesouro escondido num campo que um homem achou e escondeu; e, pelo gozo dele, vai, vende tudo quanto tem, e compra aquele campo. Outrossim o reino dos céus é semelhante ao homem, negociante, que busca boas pérolas; e, encontrando uma pérola de grande valor, foi, vendeu tudo quanto tinha, e a comprou" (Mt 13.44-46).

AVANÇAR!

O último baluarte da resistência portuguesa à proclamação da independência estava localizado na Bahia, sob o comando do General Madeira. O valente general português ataca de todos os lados as tropas brasileiras. Os portugueses recebem reforço e estão prestes a vencer. O comandante brasileiro, prevendo uma derrota, e querendo evitar uma hecatombe, chama o clarim Luiz Lopes, português de nascimento e brasileiro de coração, e ordena:

– Toque de retirada!

O intrépido corneteiro coloca o clarim na boca, enche os pulmões e toca: Cavalaria, avançar!

Em seguida outro toque: Degolar.

Apavorados com o que ouviam, os portugueses recuaram desordenados e os brasileiros, quase vencidos, passaram a vencedores. Ganharam a batalha!

"Amados, procurando eu escrever-vos com toda a diligência acerca da salvação comum, tive por necessidade escrever-vos, e exortar-vos a batalhar pela fé que uma vez foi dada aos santos" (Jd 3).

A PREOCUPAÇÃO DE CORRIE TEN BOOM

Corrie Ten Boom, no seu livro *O Esconderijo,* conta uma experiência do tempo de criança:

Viu o corpo de uma criancinha morta e ficou preocupada ao reconhecer que, mais tarde ou mais cedo, haveriam de morrer também os seus pais. Ficou apavorada. Foi para a cama chorando. Seu pai lhe perguntou o motivo:

– Você não pode morrer. Eu amo você demais. Eu preciso de você – respondeu.

O pai abraçou-se com ela e sabiamente lhe disse:

– Corrie, quando você faz uma viagem de trem, quando é que eu lhe dou a passagem?

– Logo antes de eu entrar no trem, respondeu ela.

– Pois é – disse o pai. – A morte é assim também. Deus dá consolação e graça para suportarmos cada dor nesta vida, mas Ele não nos dá graça antes que precisemos dela. Na hora exata você pode ter a certeza de que Deus lhe dará a coragem necessária.

"Não veio sobre vós tentação, senão humana, mas fiel é Deus que não vos deixará tentar acima do que podeis, antes com a tentação dará também o escape, para que a possais suportar" (1 Co 10.13).

O SENHOR DEU, O SENHOR TIROU

Era uma viúva pobre. Ela possuía um filho que alegrava a sua vida. Além disso, convertera-se a Cristo. Seu filho, a princípio, somente a acompanhava aos cultos. Um dia também se converteu. Agora nada faltava àquela senhora. Distribuía o seu tempo entre os trabalhos da igreja e os de sua própria casa e a atenção que dispensava ao filho amado. Ele era estudante de engenharia.

– Agora, – dizia – meu filho precisa ter tudo pronto a tempo.

Os anos foram passando. Chegou o dia da formatura. Foi com grande sacrifício que ela compareceu à solenidade.

O rapaz continuava sempre entusiasmado nos trabalhos da igreja. Líder da Mocidade, aproveitando ser feriado no meio da semana, combinaram passear. Passariam um dia agradável nas montanhas. Seria muito bom. Mas houve um acidente de automóvel e o rapaz perdeu a vida.

No velório, na igreja, a pobre viúva não se afastou um minuto do corpo do filho. Passava-lhe a mão enrugada sobre a testa.

Quantas recordações agradáveis do convívio com aquele filho bom e amado! Ela recitava mentalmente o Salmo 23: – "O Senhor é o meu pastor; e nada me faltará..."

Na hora da despedida, ela deixou rolar uma lágrima, enquanto se confortava com as promessas de vida eterna. Disse baixinho a si mesma:

– Não somos nada nesta vida. Não somos donos de nada. Tudo pertence a Deus. O Senhor deu, o Senhor tirou. Louvado seja o Senhor!

"Então Jó se levantou, e rasgou o seu manto, e rapou a sua cabeça, e se lançou em terra, e adorou. E disse: Nu saí do ventre de minha mãe, e nu tornarei para lá; o Senhor o deu, o Senhor o tomou; bendido seja o nome do Senhor!" (Jó 1.20-22).

UMA SALVAÇÃO PRESTES A SER REVELADA

Em visita a um hospital, certo pastor conversou com

um doente. Tinha mais de 90 anos: aleijado, cabelos brancos, enrugado, mal balbuciava. Contudo o pastor entendeu perfeitamente o que ele disse:

– Pastor, estou prestes a ir para o Céu. Todos morreremos. Felizes os que morrem no Senhor. O senhor é mais novo do que eu, mas o senhor vai morrer também. A não ser que o Grande Dia de Cristo venha antes. Eu vou na frente. Quando o senhor chegar no Céu, não procure lá um velho alquebrado, cabelos brancos, aleijado. O senhor não me vai encontrar assim no Céu.

"Bendito seja o Deus e Pai de nosso Senhor Jesus Cristo, que, segundo a sua grande misericórdia, nos gerou de novo para uma viva esperança, pela ressurreição de Jesus Cristo dentre os mortos. Para uma herança incorruptível, incontaminável, e que se não pode murchar, guardada nos céus para vós, que, mediante a fé, estais guardados na virtude de Deus para a salvação, já prestes a se revelar no último tempo" (1 Pe 1.3-5).

ESTRAGUEI A MINHA VIDA

Fortunat Strowsky, escritor francês, que durante muitos anos ensinou em nossa Pátria, conta, num de seus livros, o caso de certo político francês, seu contemporâneo, cuja grande ambição era ser presidente da França. Visando sempre a esse alvo, fez seus estudos e foi galgando, posto a posto, as mais elevadas posições na política e na administração.

Um dia foi eleito presidente.

Após as festas e homenagens da posse, alguém o ouviu quando, passeando solitário e melancólico nos corredores do palácio presidencial, disse a certo instante:

– Estraguei a minha vida!...

"Entrega o teu caminho ao Senhor, confia nele, e ele tudo fará. E ele fará sobressair a tua justiça como a luz, e o teu juízo como o meio-dia. Descansa no Senhor e espera nele!" (Sl 37.5-7).

CONTINUO O CULTO EM CASA

Ninguém se entusiasmava com os trabalhos como D.

Flora. Ansiava pelas quartas-feiras com suas reuniões de oração; pelos domingos com a Escola Dominical e com culto, à noite; era contagiante a sua alegria. Seus filhos, seu marido e duas irmãs menores que tinham vindo do Interior, todos participavam da mesma alegria.

Era uma manhã de domingo, a Escola Dominical foi muito proveitosa, mas o culto tinha chegado ao final. No pátio, as despedidas, os encontros marcados para a tarde e noite, os "Até logo"

Alguém, chegando tardiamente, encontrou com D. Flora no portão:

– O culto já terminou, irmã?

– Sim, – respondeu ela – na igreja já. Agora vamos continuá-lo em casa.

"Louvai ao Senhor, e invocai o seu nome; fazei conhecidas as suas obras entre os povos. Cantai-lhe, cantai-lhe salmos; falai de todas as suas maravilhas. Gloriai-vos no seu santo nome; alegre-se o coração daqueles que buscam ao Senhor. Buscai ao Senhor, e a sua força; buscai a sua face continuamente" (Sl 105.1-4).

MAMÃE, AGORA SOU CRENTE!

Era uma boa filha. Muito amorosa, não se afastava nem se deitava sem beijar carinhosamente os pais. Tinha cuidado com os irmãozinhos, ajudava a mamãe em tudo. Não precisava mandá-la fazer nada. Ela descobria sempre alguma coisa para fazer, algo útil em que se ocupar.

Um dia a menina ouviu um grupo de crentes participando de um trabalho na rua, próximo de sua casa. Sentiu algo diferente quando ouviu belas melodias apelando ao coração do pecador. Não pôde resistir à vontade de integrar-se àquele grupo.

A partir desse dia, passou a encarar as coisas de um modo diferente. Conscientizou-se de seus pecados e sentia grande necessidade de confessá-los.

Mas a família não compreendeu a razão dessa mudança repentina. – "Como é possível mudar de religião assim tão depressa?" – diziam. Mas nada demovia aquela menina de sua fé em Jesus. Ela tinha ouvido um texto que dizia

"Crê no Senhor Jesus e serás salvo, tu e a tua casa". Ela compreendia que havia uma promessa da parte de Deus: "Tu e a tua casa..."

Com o seu testemunho, com a sua firmeza, em pouco tempo ela conseguiu ganhar a sua família para Cristo. Aquela nuvem espessa que empanara a sua alegria de criança por algum tempo, se dissipara. Agora tudo passou a ser melhor do que antes.

"Louvai ao Senhor, invocai o seu nome, fazei conhecidos entre os povos os seus feitos. Cantai-lhe, salmodiai-lhe, atentamente, falai de todas as suas maravilhas. Gloriai-vos no seu santo nome; alegre-se o coração dos que buscam ao Senhor!" (1 Cr 16.8-10).

O QUE AS OUTRAS RELIGIÕES NÃO TÊM

Um jovem brâmane, numa entrevista com um missionário cristão, declarou:

- Muitas coisas que o cristianismo tem, encontro no hinduísmo, mas há uma coisa que o cristianismo possui e que o hinduísmo não têm.

- O que é? - perguntou o missionário curioso.

- Um Salvador - respondeu o jovem.

"Verdadeiramente ele tomou sobre si as nossas enfermidades, e as nossas dores levou sobre si; e nós o reputamos por aflito, ferido de Deus e oprimido. Mas ele foi ferido pelas nossas transgressões, e moído pelas nossas iniqüidades; o castigo que nos traz a paz estava sobre ele e pelas suas pisaduras fomos sarados" (Is 53.4-5).

QUEM PODE PAGAR TANTO?

O Czar Alexandre entrou disfarçado num acampamento para conhecer mais de perto como os soldados viviam. Entrou numa barraca onde um oficial, debruçado sobre a mesa, dormia profundamente. Notou que ao seu lado havia um revólver carregado e uma lista de dívidas de jogo. No final da lista, uma pergunta: "Quem pode pagar tanto?" O Czar concluiu logo, que aquele oficial pretendia suicidar-se. Escreveu embaixo da pergunta só uma palavra: *Alexandre*.

"Porque só há um Deus e um só Mediador entre Deus e os homens, Jesus Cristo homem. O qual se deu a si mesmo em preço de redenção por todos, para servir de testemunho a seu tempo" (1 Tm 2.5,6).

O FOLIÃO QUE SE DECIDIU

No Rio de Janeiro, os foliões são tomados por uma força incontrolável. É a vazão dos sentimentos reprimidos durante o ano inteiro, é a libertação dos preconceitos, a expansão ilimitada dos instintos: imoralidade, carnalidade, brigas e mortes. No final, o saldo, o balanço da desgraça que avassala.

Era domingo de carnaval. Repentinamente, começou a chover e o povo procurou abrigo onde pôde. Alguns, perto da igreja, abrigaram-se sob a marquise. Um folião mais decidido, fantasiado, entrou e sentou-se no último banco. O pastor pregava uma mensagem vibrante. O folião não resistiu. Atendeu ao apelo, e foi à frente. Estava com a fantasia molhada, embriagado, derrotado. Agora, pela consciência dos seus pecados, chorou ali arrependido. Foi uma festa na igreja por mais aquela alma que se entregou a Jesus.

"Vinde a mim, todos os que estais cansados e oprimidos, e eu vos aliviarei!" (Mt 11.28).

MAIS UM FOLIÃO QUE SE SALVA

Um jovem tinha no carnaval a sua maior paixão. Esperava ansioso o ano inteiro, economizando e fazendo planos para essa festa pagã. Passando ele por um jardim, certa tarde quando os crentes pregavam, uma jovem entregou-lhe um folheto sobre o fim do mundo. Tomado de curiosidade, parou para ouvir a pregação. Foi cercado por alguns crentes e convidado a comparecer à igreja, para o culto da noite. Na porta da igreja, hesitou, pois estava exalando cheiro de cachaça que ingerira, mas, ante a insistência, resolveu entrar e sentar-se. Ouvindo a pregação, achou que o pastor falava diretamente para ele. Veio o apelo. O pastor insistiu. O jovem folião pensou:

– Vou levantar a mão para ver se este velho se cala.

Mas Deus já o tinha escolhido para ser um crente. Hoje ele diz:

– Eu não estava levando a sério, mas Deus estava.

"Mas Deus, não tendo em conta o tempo da ignorância, anuncia agora a todos os homens, e em todo lugar, que se arrependam. Porquanto tem determinado um dia em que com justiça há de julgar o mundo, por meio do varão que destinou; e disso deu certeza a todos, ressuscitando-o dos mortos" (At 17.30,31).

UMA SÁBIA SENTENÇA

Em julho de 1983, na cidade de Campos, Estado do Rio de Janeiro, um juiz deu uma sentença sábia no caso de um menor delinqüente: Decorar os doze primeiros versículos do capítulo 10, do Evangelho de João, que se referem a Jesus como o Bom Pastor.

O prazo foi de cinco dias. À hora marcada, o menor compareceu acompanhado de sua mãe. Presentes advogados, juízes, repórteres e funcionários do foro, além de curiosos, todos em expectativa. O menino declamou:

– "Em verdade, em verdade vos digo: O que não entra pela porta do aprisco das ovelhas, mas sobe por outra parte, esse é ladrão e salteador..."

Foi até o fim. Às últimas palavras já estava chorando.

Depois outra sábia sentença do juiz:

– A minha parte, a parte da justiça está cumprida. Resta agora o esforço do menor e o auxílio daqueles que lhe querem bem.

Em seguida, as últimas palavras do menor:

– Acho que vale a pena tomar conhecimento das palavras da Bíblia, para poder escolher o caminho certo.

– *"Como purificará o mancebo o seu caminho? Observando-o conforme a tua palavra"* (Sl 119.9).

ESTOU ME DESTRUINDO, DOUTOR

Os moços são as maiores vítimas dos desvarios da sociedade moderna. A inexperiência, a curiosidade os leva a caminhos tortuosos, e quando se dão conta, estão irremediavelmente perdidos.

Há sérias preocupações nos meios científicos pelo elevado número de drogas que a imaginação fértil do moço vai descobrindo para a sua própria perdição.

Um rapaz foi preso em Cabo Frio e conduzido a Niterói. Ele tem vinte anos de idade e está com aparência de setenta anos. É a "droga que envelhece". Os jornais publicaram o seu retrato. Ele chama a atenção de todos pelo seu aspecto. Tem os braços e as pernas completamente deformados. Em seguida à apresentação, ele confessa:

– Esta droga dá uma onda louca por alguns segundos, mas destrói a gente. Veja como fiquei, doutor! Eu estou me destruindo e não posso parar!...

"Não sabeis vós que a quem vos apresentardes por servos para lhe obedecer, sois servos daquele a quem obedeceis, ou do pecado para a morte, ou da obediência para a justiça?" (Rm 6.16).

A EVANGELISTA RUTH CARTER STAPLETON

Ruth Carter Stapleton é o nome da irmã do ex-presidente Jimmy Carter. Ela é conhecida pelo seu ardor missionário e é convidada para todas as reuniões evangelísticas de destaque, nos Estados Unidos.

Recentemente Ruth foi alvo de intensa campanha publicitária. É que ela não se cala e sempre que há oportunidade, anuncia a salvação gratuita que é oferecida por Jesus Cristo.

O editor de revistas pornográficas, Larry Flynt se converteu. Ruth conseguiu fazê-lo compreender que o Evangelho é para todos os que queiram. (Junho de 1978.)

Ao datilografarmos estas notas, em fins de setembro de 1983, os jornais publicaram notícias da morte de Ruth. Morreu de câncer. Ela recusou-se a receber tratamento, alegando que não iria decepcionar as pessoas que foram por ela evangelizadas, em que ela procurava incutir a fé em Deus e a salvação em Jesus Cristo.

"Preciosa é à vista do Senhor a morte dos seus santos" (Sl 116.15)

CONVERTEU-SE UM BÊBADO EM VILA FORMOSA

No dia 29 de agosto de 1965, o pastor da Igreja de Vila Formosa, SP, preparava-se para a cerimônia de batismo. A igreja estava em festa. Dentre os candidatos, uma senhora e a sua filhinha de doze anos. O marido estava do lado de fora da igreja, embriagado. Ele não concordava, absolutamente, com o batismo da esposa e da filha. A cada instante mandava um recado para a mulher: "Não caia na 'besteira' de se batizar que vai levar uma grande surra quando chegar a casa."

Depois:

– Chame a minha mulher, que eu não quero que ela se batize.

A mulher tremia. A filhinha chorava. Mas estavam decididas. Elas confiavam em Deus. Deus não haveria de permitir uma tragédia como o marido prometia:

– Sei que vou apanhar quando chegar a casa!...

Segunda-feira o marido foi trabalhar, já curado da bebedeira. Não conseguiu ficar o dia inteiro. Ao meio-dia, pediu saída e foi procurar na Bíblia a razão da resistência da mulher e da filha. Mas Deus tocou também no seu coração. Jogou fora o cigarro, deixou a bebida e, no domingo seguinte, mais um crente foi matriculado como aluno da Escola Dominical.

"Porque não me envergonho do Evangelho de Cristo, pois é o poder de Deus para a salvação de todo aquele que crê" (Rm 1.16).

A PRISÃO DE JOÃO BUNYAN

Filho de pais humildes, nasceu em Elstow, Bedford, Inglaterra, em 1928, o menino João Bunyan. Levava, quando moço, uma vida dissoluta, até que um dia se converteu. Depois de sua conversão, tinha verdadeira obsessão de pregar o Evangelho, e começou a faltar aos cultos regulares de sua igreja, o que era proibido na época.

Um dia Bunyan foi preso e condenado. A acusação: ter diabólica e perniciosamente se ausentado da igreja, promovendo reuniões e ajuntamentos ilegais. O juiz leu a sentença:

– Tens de voltar à prisão onde ficarás por três meses. Se não tornares a freqüentar a tua igreja, e se não desistires das tuas pregações, serás banido do reino, para onde, voltando sem licença do rei, serás enforcado.

A resposta de João Bunyan não se fez esperar:

– Se eu saísse da prisão hoje, pregaria amanhã com o auxílio de Deus.

Os amigos, a mulher, nem os rogos de uma das filhas de Bunyan, que era cega, comoveram as autoridades.

Sua mulher era retraída, mas ousadamente peticionou em Londres em favor de seu marido. Só o libertaram com uma condição: era que o marido deixasse de pregar.

– Meus senhores – respondeu a mulher, conhecedora que era do temperamento e vocação do seu marido –, ele não poderá deixar de pregar enquanto tiver voz para falar.

Assim Bunyan ficou preso durante doze anos, enquanto escrevia a jóia da literatura universal que é *O Peregrino*.

"E, chamando-os, disseram-lhes que absolutamente não falassem, nem ensinassem, no nome de Jesus. Respondendo, porém, Pedro e João, lhes disseram: Julgai vós se é justo, diante de Deus, ouvir-vos antes a vós do que a Deus. Porque não podemos deixar de falar do que temos visto e ouvido" (At 4.18-20).

A CONVERSÃO DE PEDRO VALDO

Conta-se que Pedro Valdo, rico mercador lionês, abandonou tudo para fundar a seita dos "pobres de Lyon", que mais tarde foram denominados "Valdenses", dos quais existem ainda muitos seguidores na Itália e na América do Sul.

Participava ele de um banquete no fim do Século XII, onde imperava grande orgia, quando repentinamente um dos seus companheiros sentado à mesa, abaixou a cabeça e morreu fulminado. Valdo, amedrontado, correu para a sua casa e dedicou-se à leitura da Bíblia. Deparou-se então com o texto de 1 aos Tessalonicenses 1.9, que muito o impressionou. "... como vos convertestes dos ídolos a Deus, para servir ao Deus vivo e verdadeiro..."

"Mas confesso-te isto: que, conforme aquele caminho

que chamam seita, assim sirvo ao Deus de nossos pais, crendo tudo quanto está escrito na lei e nos profetas. Tendo esperança em Deus, como estes mesmos também esperam, de que há de haver ressurreição de mortos, assim dos justos como dos injustos. E por isso procuro sempre ter uma consciência sem ofensas, tanto para com Deus como para com os homens" (At 24.14-26).

ABANDONOU TUDO POR AMOR DE JESUS

Chama-se Alda Severino da Silva a jovem riograndense-do-norte que abandonou tudo por amor a Jesus. Ela trabalhava em Natal, no bairro do Alecrim. Um dia chamou o seu patrão e disse:

- Quero minha conta.

- Por quê? - perguntou "seu" Agostinho.

- Vou voltar para casa dos meus pais. Tenho uma missão a cumprir.

O patrão e os colegas ficaram atônitos. Uma moça tão bonita que poderia candidatar-se a miss Brasil. Meiga, amável e amiga de todos. Não era possível!

Mas Alda estava firme no seu propósito. O Senhor a chamara para trabalhar em outra seara.

Alda é filha de crentes mas só agora se converteu. Foi isso que causou admiração a todos. Para o padre da paróquia, cujo nome não queremos revelar, "trata-se de um caso que merece tratamento psiquiátrico". E com a ironia que parecia fazer questão de mostrar, o padre acrescentou: "Talvez essa jovem não esteja se alimentando bem".

"Se anuncio o Evangelho, não tenho de me gloriar, pois me é imposta essa obrigação, e ai de mim, se não anunciar o Evangelho" (1 Co 9.16).

JESUS TAMBÉM CONVERTE PADRES

O padre Olegário de Oliveira era famoso na região pelo seu amor à missão que cumpria com denodo. Um dia, passando pela cidade um colportor, vendeu muitas bíblias, mas o padre conseguiu recolher todas elas. Queimou-as todas, menos uma, que guardou para satisfazer sua própria curiosidade.

Dentre os seus paroquianos havia um beberrão inveterado a quem o padre já tentara ajudar por todos os meios. Tudo em vão. Um dia o beberrão se afastou da cidade. Voltou alguns meses depois. O bom padre no exercício do seu ministério, foi fazer-lhe uma visita. Notou logo a grande mudança que se operara nele. É que ele tinha deixado de beber. O padre quis saber. Disse:

- Como é, amigo? Eu fiz tudo para você deixar de beber e não consegui. Agora vejo-o aqui tão sóbrio. Confesso que não entendo.

- Um momento! - respondeu o ex-beberrão.

Foi ao seu quarto e voltou com um exemplar da Bíblia. A seguir, contou a sua história: Quando saiu da cidade foi trabalhar com um moço crente. Este deu-lhe uma Bíblia e apresentou-lhe Cristo, ao qual ele logo aceitou.

Arrematou:

- Jesus perdoou os meus pecados e salvou a minha alma, além de me livrar do vício da bebida.

Voltando para casa, o padre pegou a Bíblia que tinha poupado do incêndio e passou a lê-la com regularidade. Em pouco tempo abandonou o sacerdócio, mudou-se para São Paulo, e, tendo-se convertido, batizou-se por imersão.

"Lâmpada para os meus pés é a tua palavra, e luz para o meu caminho" (Sl 119.105).

SÓ DEUS PODE PERDOAR PECADOS

A igreja tinha um trabalho marcado na praça para as quinze horas. Os crentes saíram com cinco carros lotados, equipados com aparelhagem de som, instrumentos musicais e muito entusiasmo. Instalaram-se no coreto próximo a uma capelinha onde também, à tarde, seria celebrada uma missa.

O pregador leu os textos bíblicos em Marcos 2.7 e 1 Timóteo 2.5: - "Por que fala assim este homem? ele blasfema! quem pode perdoar pecados, senão um só, que é Deus?" e "Porque há um só Deus e um só Mediador entre Deus e o homem, Jesus Cristo, homem..."

Terminados os trabalhos houve um encontro. Padre e pastor:

– Onde se encontram as passagens que o senhor leu em sua pregação? – perguntou o padre.

O pastor, abrindo sua Bíblia, mostrou-lhe os textos.

O padre parecia não acreditar no que os seus olhos estavam vendo. Disse que ia consultar a sua própria Bíblia e analisar se as coisas eram assim mesmo...

"Qual é mais fácil? dizer ao paralítico: Estão perdoados os teus pecados; ou dizer-lhe: Levanta-te, e toma o teu leito, e anda? Ora para que saibais que o Filho do homem tem na terra poder para perdoar pecados (disse ao paralítico). A ti te digo: Levanta-te, toma o teu leito, e vai para tua casa!" (Mc 2.9-11).

AS RIQUEZAS DO VATICANO

Dois sacerdotes católicos comentavam sobre os acontecimentos no mundo. Sentiam que, apesar dos meios de divulgação, há ainda muitos povos que não ouviram o Evangelho.

– Por que não pregamos hoje o Evangelho com mais intensidade, uma vez que os meios de comunicação são tão amplos?

– Falta de recursos, naturalmente, dizia o outro.

– Não, meu amigo, talvez seja porque não temos paixão pelas almas, pois hoje não podemos dizer como Pedro: "Não tenho prata, nem ouro".

– Sim, retrucou o companheiro, – mas também não mais podemos dizer como Pedro disse ao paralítico: "Levanta-te e anda!"

"E disse-lhes: Ide por todo mundo, pregai o Evangelho a toda criatura... e estes sinais seguirão aos que crerem: Em meu nome expulsarão os demônios; falarão novas línguas, pegarão nas serpentes; e, se beberem alguma coisa mortífera, não lhes fará dano algum; e porão as mãos sobre os enfermos, e os curarão" (Mc 16.15-18).

O FABRICANTE DE IMAGENS

Era um árabe, velho fabricante de imagens. Estava descansando deitado em um sofá enquanto meditava a respeito do que ouvira do missionário. Contara-lhe ele a bela história de um Salvador que morrera pelos pecados de todos os que o queiram aceitar. Sofreu pelos pecadores, curou cegos, leprosos, paralíticos e até ressuscitou mortos. Teve um sobressalto, levantou-se, tomou o livro sagrado e leu:

-"Os ídolos são prata e ouro, obras das mãos do artista, têm boca mas não falam, têm olhos mas não vêem; têm ouvidos mas não ouvem... os que o fazem são semelhantes a ele...

Estas palavras falaram-lhe diretamente ao coração, pois ele era um fabricante de imagens, ídolos cegos, surdos, mudos.

Na primeira oportunidade que se encontrou com o missionário, perguntou-lhe:

- Que devo fazer para ser salvo por Jesus?

- Somente uma coisa: crer.

Ajoelharam-se os dois e oraram ao Senhor. Houve grande alegria nos céus por mais aquela alma ganha por Jesus.

"Porque um certo ourives da prata, de nome Demétrio, que fazia de prata nichos de Diana, dava não pouco lucro aos artífices. Aos quais, havendo-se ajuntado com os oficiais de obras semelhantes, disse: Varões, vós bem sabeis que deste ofício temos a nossa prosperidade. E bem vedes e ouvis que não só em Éfeso, mas até quase em toda a Ásia, este Paulo tem convencido e afastado uma grande multidão, dizendo que não são deuses os que se fazem com as mãos. E não somente há o perigo de que a nossa profissão caia em descrédito, mas também de que o próprio templo da grande deusa Diana seja estimado em nada, vendo a majestade daquela que toda a Ásia e o mundo veneram a ser destruída" (At 19.24-27).

DOIS QUADROS DE NAVIOS

Uma família do Interior, com grandes dificuldades, criou seus filhos na lavoura. Quando atingiram a idade em que poderiam dar alguma ajuda no serviço do sítio, eles foram para a cidade, alistaram-se na Marinha e lá estavam. Os pais não tinham explicação para isso. Ninguém na família, nenhum dos antepassados conhecidos tinha sido marinheiro. Queixando-se a um parente que viera em visita ao sítio, os pais repetiam:

– Não existe uma explicação para isso.

Mas o visitante, que era um homem instruído, olhou para a parede, notou dois, quadros, cujo motivo era o mar. Eram dois belos navios singrando as revoltas águas azuis... Os quadros estavam ali, no mesmo lugar, há mais de vinte anos. Eles formaram aquela imagem e uma grande atração na vida dos dois moços.

"Instrui o menino no caminho em que deve andar, e até quando envelhecer não se desviará dele" (Pv 22.6).

TINHA VERGONHA DA MÃE

Rosinha era uma moça. Como todas as moças da sua idade, gostava de reuniões sociais, de passeios, mas não convidava ninguém para ir à sua casa. É que sua mãe tinha um defeito físico e isso a envergonhava. O que ela não se lembrava era de que modo a pobre senhora ganhara aquelas marcas.

Quando Rosinha era pequenina, com poucos meses de vida, irrompera um incêndio na casa em que moravam. A mãe, desesperada, vendo o grande perigo que ameaçava a criança, arriscara a sua própria vida para salvá-la. Conseguira-o, mas ficara com o rosto deformado. Era esse defeito físico que causava vergonha agora à moça.

Há muitos que se envergonham de um Cristo crucificado!

"Porquanto, qualquer que, entre esta geração adúltera e pecadora, se envergonhar de mim e das minhas palavras, também o Filho do homem se envergonhará dele, quando vier na glória de seu Pai, com os santos anjos" (Mc 8.58).

O EXEMPLO DE OSWALDO CRUZ

O grande cientista brasileiro Oswaldo Cruz era filho de pais pobres do interior do Estado de São Paulo. Apesar de modesto, o seu lar era um padrão de honestidade e tinha a funcionalidade de uma colméia. O menino, antes de ir para a escola, tinha a obrigação de deixar arrumada a cama, e o dormitório limpo.

Certo dia, estando ele na sala de aula, recebeu um recado de casa para voltar. Alguns minutos ausente, e em seguida retorna à escola. É que ele esquecera de deixar o seu quarto arrumado e fora chamado para essa obrigação.

Quando adulto, Oswaldo Cruz tornou-se fumante inveterado. Impôs-se a si próprio o sacrifício da renúncia a esse vício para dar exemplo ao seu filho, como conta a história:

Tinha um filho de cinco anos de idade quando os pais resolveram mudar-se para o Rio de Janeiro. No aconselhamento do lar, no sentido de preparar a criança para as dificuldades futuras, explicava-lhe os malefícios do cigarro, ao que o garoto respondeu:

– Se o cigarro é assim tão perigoso, por que é que o papai fuma?

Foi o quanto bastou para que aquele grande brasileiro deixasse de fumar.

"Portai-vos de modo que não deis escândalo nem aos judeus, nem aos gregos, nem à igreja de Deus. Como também eu em tudo agrado a todos, não buscando o meu próprio proveito, mas o de muitos, para que assim se possam salvar" (1 Co 19.32,33).

É PRECISO EXERCITAR A FÉ

Uma jovem atleta, bem-sucedida, descontente com a sua vida espiritual pouco produtiva, foi procurar o seu pastor. Sabedor do motivo que a trazia à sua presença, o pastor perguntou-lhe:

– Quantas vezes por semana você se exercita no seu esporte?

– Todos os dias – foi a resposta. – Uma hora, no mínimo.

– Quantas vezes você ora por semana?

– Eu oro de vez em quando – respondeu encabulada.

– E quanto tempo você fica em oração?

– Dez minutos, no máximo.

– Você acha que seria boa atleta dispensando em exercício físico o mesmo tempo que passa em oração?

– Oh! não, pastor, claro que não!

– Como então você espera ter uma vida cristã vitoriosa, orando tão pouco tempo?

"Orai sem cessar. Em tudo dai graças; porque esta é a vontade de Deus em Cristo Jesus para convosco" (1 Ts 5.17,18).

O EMPREGADO PREFERIU MORRER

A televisão, que poderia ser um veículo de educação e boa formação de mentes, acaba por destruir lares, corromper a juventude, ensinar métodos "infalíveis" de assaltos, roubos, estupros, e toda espécie de delitos. Assim, vivemos num mundo de sobressaltos, com o aumento continuado da criminalidade.

Os jornais de novembro de 1979 noticiaram a morte do senhor Francisco. Bom empregado, bom amigo, bom pai. O "seu" Chico, como era conhecido, era bom em tudo. Por ser boa pessoa morreu estupidamente.

Era manhãzinha. Ele estava começando o serviço na loja onde era gerente. Seu patrão tinha nele toda confiança. Entregava-lhe as chaves da loja, e chegava mais tarde. Nesse dia, três indivíduos chegaram à loja e foram dizendo:

– Somos amigos do seu patrão e precisamos falar com ele.

O patrão morava perto. "Seu" Chico se prontificou a levá-los até lá. Deixou na loja dois colegas e saiu. Só no caminho, notando que os homens estavam armados, percebeu o perigo. Procurou despistá-los para que não encontrassem a casa do patrão. Mataram-no sem piedade.

O patrão sentiu muito a morte do seu amigo, seu empregado, e seu salvador. Falando aos policiais, disse que os marginais queriam matá-lo por vingança. Que devia a sua vida ao seu gerente, que morrera em seu lugar.

"Conhecemos o amor nisto que ele deu a sua vida por nós, e nós devemos dar a vida pelos irmãos" (1 Jo 3.16).

UMA CENA DE GRATIDÃO

O grande pregador Moody passava certa ocasião perto de um cemitério quando viu um homem junto a um sepulcro, colocando flores e chorando. Moody aproximou-se para consolar o desconhecido. Perguntou se ali estava enterrada sua esposa, seu pai, ou um filho amado.

- Não. Não é nenhum parente meu. Mas este sepulcro tem um grande significado para mim.

E contou a sua história:

- Durante a guerra civil fui convocado para servir. Como tinha família grande, consegui um substituto que foi em meu lugar. O amigo que me substituiu morreu na primeira batalha e está aqui sepultado. Agora eu venho uma vez por ano depositar uma coroa de flores no seu túmulo.

"E, respondendo Jesus, disse: Não foram dez os limpos, e onde estão os nove? Não houve quem voltasse para dar glória a Deus senão este estrangeiro?" (Lc 17.17,18).

CRISTO VIVE

Conta-se que quando foi implantado o comunismo na Rússia, uma comissão ia de cidade em cidade com o encargo de tirar da mente do povo o espírito religioso. Reuniam os habitantes, discursavam sobre as vantagens do novo regime e as desvantagens da religião; pregavam suas filosofias. Davam ênfase à seguinte afirmação: "Tudo no mundo é matéria: Deus não existe".

Finalmente, para confirmar o discurso em determinada cidade, onde se reunia grande multidão, chamaram o velho pastor daquele lugar para vir à frente. Disseram-lhe:

- O senhor tem cinco minutos para desmentir tudo o que tem ensinado a este povo durante esses anos.

- Eu não preciso de cinco minutos - disse o velho servo de Deus. - Bastam cinco segundos.

Chegando mais à frente, com voz trêmula, porém vibrante, ele perguntou a multidão:

- Cristo vive?

- Cristo vive! - responderam todos a uma voz.

"Porque eu sei que o meu redentor vive, e que por fim se levantará sobre a terra. E depois de consumida a minha pele, ainda em minha carne verei a Deus. Vê-lo-ei por mim mesmo, e os meus olhos, e não outros, o verão..." (Jó 19.25-27a).

CONTRASTES

Dizem que na Praça Vermelha, em Moscou, Rússia, há uma estátua de um menino, que, segundo o conceito comunista, tornou-se herói nacional. É que denunciou às autoridades seu próprio pai que escondia em casa alguns quilos de feijão para alimentar os seus filhos. Por isso o seu pai foi enforcado.

Por seu lado, na Holanda, tornou-se herói nacional um menino que salvou a cidade de uma grande inundação. É que grande parte da Holanda foi tomada do mar, por meio de diques, afastando as águas, ficando, assim, muitos lugares abaixo do nível do mar. O menino descobriu um pequeno vazamento no dique que rodeava a cidade. Não encontrando ninguém por perto, ele tapou o buraco com o dedo e esperou que alguém aparecesse para pedir socorro. Livrou, com seu ato, a cidade inteira, e tornou-se herói.

"Então vereis outra vez a diferença entre o justo e o ímpio; entre o que serve a Deus, e o que o não serve" (Ml 3.18).

OS CRENTES NA RÚSSIA

Reportagem publicada no "Jornal do Brasil" de 23 de dezembro de 1977, diz que na Rússia Comunista, em matéria de religião, há dois pesos e duas medidas: para os sacerdotes e para os crentes. Mostra como exemplo o que aconteceu com Stadis Lidis, padre católico-romano e Viktor Vasiliev, carpinteiro pentecostal. O repórter que informou sobre o assunto diz:

– O padre Lidis teve liberdade de sentar-se, outro dia, na tranqüilidade da cúria católica de Vilmius, em uma mesa cheia de pratos de doces e taças de champanha e conhaque, e de conversar longamente com dois repórteres americanos. O pentecostal teve de encontrar-se com os jornalistas apressadamente, na rua e num quarto de hotel, depois que a polícia frustrou os planos de uma noite à vontade no apartamento dele.

A religião, classificada pela União Soviética como supersticiosa e anacrônica, é condenada pelo Partido Comunista, como um impedimento místico à obtenção da verdadeira liberdade de consciência.

O padre anda livremente. Vasiliev, ao contrário, não pode obter passaporte para viajar para os Estados Unidos com a família, que é o seu grande desejo. Seus dois filhos, de oito e nove anos, são ameaçados pelos professores e espancados impunemente pelos colegas. O sogro de Vasiliev, sob pressão da polícia, expulsa-os de casa com as palavras: "A família ou Deus!"

O culto feito pelo padre, não sofre restrições. O padre celebra missa, ouve confissões e batiza crianças...

O culto pentecostal tem de ser feito freqüentemente na clandestinidade...

"Porque do céu se manifesta a ira de Deus sobre toda a impiedade e injustiça dos homens que detêm a verdade em injustiça, pois mudaram a verdade de Deus em mentira e honraram e serviram mais a criatura do que o Criador, que é bendito eternamente, pelo que Deus, os abandonou às paixões infames" (Rm 1.18,25,26a).

UM BÊBADO NA IGREJA

Foi batizado em uma igreja, em 1960, um homem que se converteu pelo cuidado de uma irmã. Ele morava no morro próximo ao templo. Quase não podia dizer que morava, pois vivia mais nas sarjetas, embriagado: motivo de zombaria das crianças. Vivia lastimavelmente.

Um dia, dirigindo-se à Escola Dominical, a irmã teve piedade dele. Convidou-o para ir à igreja. A resposta veio rápida:

– Não tenho calças para ir à igreja, dona.

Via-se que falava verdade. Usava uns trapos à guisa de calças. Mas a irmã conseguiu-lhe uma calça para ele ir à igreja no domingo seguinte; ele aceitou o convite. Converteu-se, batizou-se e hoje é uma nova criatura em Cristo.

"Assim, se alguém está em Cristo, nova criatura é: as coisas velhas já passaram: eis que tudo se fez novo. E tudo isso provém de Deus que nos reconcilia consigo mesmo por Jesus" (2 Co 5.17,18a).

OS CAMINHOS DA MORTE

Há muitos caminhos que conduzem o homem à morte, pois "larga é a porta e espaçoso o caminho que conduz à perdição".

Existe um castelo às bordas do lago Lemano, partilhado pela França e pela Suíça, o qual costumava ser usado como prisão. A muitos prisioneiros dali aconteceu que, a altas horas da noite, eram acordados por alguém que, tendo aberto as portas da prisão, os convidava à fuga. Confiante, o prisioneiro seguia o seu pretenso salvador. Este, em dado momento, abandonava-o dizendo:

– Siga correndo por este corredor. Não há perigo.

A vítima seguia pelo corredor escuro, e, em dado momento, caía nas águas geladas do lago, tendo morte certa.

O corredor era o "caminho da morte".

"Há caminho que ao homem parece direito, mas o fim dele são os caminhos da morte" (Pv 14.12).

FIDELIDADE

Um empregado foi despedido por seu patrão por afirmar que não poderia trabalhar aos domingos, por motivo de consciência:

– Ainda que conheça o regulamento da casa, ainda que o sustento da minha pobre mãe dependa do meu emprego, sinto que não posso trabalhar aos domingos. O senhor me desculpe!

Então vá ao Departamento de Pessoal segunda-feira, para receber suas contas – disse o patrão.

Certo dia, conversando com um banqueiro que precisava de um empregado, o ex-patrão indicou o nome daquele que tinha sido despedido por não querer trabalhar aos domingos. Recomendou-o considerando-o ideal para ser caixa no banco.

– Mas você o despediu, disse o amigo.

– Sim, eu o despedi, porque não queria trabalhar aos domingos, mas um homem que pode perder o emprego para não violentar a sua consciência e princípios, servirá muito bem como caixa e pessoa de confiança.

"Quem é fiel no mínimo, também é fiel no muito; quem é injusto no mínimo também é injusto no muito. Pois, se nas riquezas injustas não fostes fiéis, quem vos confiará as verdadeiras? E, se no alheio não fostes fiéis, quem vos dará o que é vosso?" (Lc 16.10-12).

O ANTICRISTO SE PREPARA

Alguns intérpretes das profecias bíblicas dizem que o Mercado Comum Europeu é a besta de sete cabeças e dez chifres profetizada no livro de Apocalipse, e afirmam que dela sairá o Anticristo.

Pat Robertson, conhecido pregador, tem uma transmissão que pode alcançar 300 emissoras de rádio e televisão de todos os Estados Unidos. A entidade que ele preside tem uma receita anual de 60 milhões de dólares. Seus programas são transmitidos para o Japão, Filipinas, Formosa, Israel, Brasil e alguns outros países da América Latina.

Pat afirma que, se é iminente a chegada do Anticristo, "devemos chegar à conclusão de que há atualmente (em 1980) um homem de aproximadamente 27 anos de idade, preparando-se para ser o messias satânico"!

Por sua vez, Herbert Vander Lutt, também líder de uma comunidade evangélica do Estado de Michigan, tece considerações sobre as profecias mencionadas no livro de Daniel, a partir do capítulo 2º, e explica que em Apocalipse 17.3 há menção de "uma mulher sentada sobre uma besta vermelha... com sete cabeças e dez chifres..." e que no versículo 12 se explica que os dez chifres fazem alusão a dez reinos.

"Vigiai, pois, porque não sabeis a hora em que há de vir o vosso Senhor; mas considerai isto: se o pai de família soubesse a que vigília da noite havia de vir o ladrão, vigiaria e não deixaria minar a sua casa. Por isso, estai vós apercebidos também, porque o Filho do homem há de vir à hora em que não penseis" (Mt 24.42-44).

O CAMINHO PARA O CORAÇÃO AMOROSO

"O mais delicioso escritor para crianças na língua inglesa foi Luiz Stevenson, verdadeiro gênio literário, homem de mente brilhante, corpo frágil, natureza desinteressada. A tuberculose perseguiu-o quase toda a vida, mas, mesmo assim, escreveu vinte e oito volumes em curto espaço de tempo."

"No apogeu da fama, Stevenson dirigiu-se a Samoa, longínqua e afastada ilha do mar, em busca de saúde. Ali comprou uma fazenda e construiu uma casa. A mãe querida foi, da Escócia, para morar em companhia dele. Esse lar, gracioso e hospitaleiro, acolhia os nativos que por sua vez dedicavam amizade extrema ao escocês, a quem consideravam amigo e conselheiro."

"Quando os chefes das ilhas em derredor eram presos injustamente, Stevenson visitava-os, levando-lhes conforto e alegria. Quando a guerra avassalava, ele socorria os feridos; quando as dificuldades os emaranhavam, ele tentava libertá-los. Em sinal de gratidão, os nativos de Samoa construíram uma estrada de rodagem em direção ao mar, denominando-a *O Caminho Para o Coração Amoroso.*"

"E Jesus disse-lhe: Amarás o Senhor teu Deus de todo o teu coração, e de toda a tua alma, e de todo o teu pensamento. Este é o primeiro e grande mandamento. E o segundo, semelhante a este, é: Amarás o teu próximo como a ti mesmo" (Mt 22.37-39).

A SEGURANÇA HUMANA PODE FALHAR

Numa época de tanta insegurança, é perfeitamente cabível que tanto se fale de segurança. Nos pontos de ônibus, embarque em navios, aeroportos, testam-se medidas de segurança; dentro dos veículos de transporte, bancos, estabelecimentos comerciais, em todo lugar. Mas sempre se consegue um meio de burlar.

Um funcionário japonês que levava consigo uma pistola descarregada, passou por 18 postos de controle de segurança de todo o mundo, antes de ser detido no aeroporto do Cairo. O japonês tinha a incumbência de testar quão seguros são os aeroportos contra terroristas e seqüestradores de aviões.

Cremos que ninguém tem segurança mais completa do que o presidente dos Estados Unidos, no entanto, quantos presidentes têm sido assassinados!

O Xá Reza Pahlavi livrou-se dos que o queriam matar, no México, nos EEUU, no Egito e no próprio Irã, mas não teve segurança contra o câncer, que o matou.

Mas em Deus há segurança absoluta:

"Mas em todas estas coisas somos mais do que vencedores, por aquele que nos amou. Porque estou certo de que nem a morte, nem a vida, nem os anjos, nem os principados, nem as potestades, nem o presente, nem o porvir, nem a altura, nem a profundidade, nem alguma outra criatura nos poderá separar do amor de Deus, que está em Cristo Jesus, nosso Senhor" (Rm 8.37-39).

A CONVICÇÃO DE UMA MENINA

Era uma menina de seis anos, de olhar meigo, muito compenetrada. Filha de crentes, cedo aprendera a amar a Jesus e já o havia aceitado como seu Salvador. Ela morava com os pais num prédio de apartamentos no Leblon e freqüentava uma igreja naquele bairro chique do Rio de Janeiro. Tinha um vizinho de quem se tornou grande amiga, mas... que pena! O seu vizinho não era crente. Mamãe já tinha falado com ele:

– O senhor precisa aceitar Jesus no seu coração.

A menininha visitava sempre o seu amigo. Não era só isso. Ela estava preocupada com a sorte dele.

Um dia, depois de ter visto as imagens de santos que ele tinha na parede do seu apartamento, ela lhe disse:

– Hoje eu vim lanchar com o senhor.

Lancharam, viram televisão. Momentos depois, com "aquela simplicidade que é própria das crianças", sentou-se à beira da cama e falou:

– Tio, por que você se ajoelha em frente dessas figuras?

– Filhinha, é porque essa é a minha religião.

Depois o vizinho, com medo de que a sua atitude idólatra pudesse influenciar a menina (ou porque a sua consciência já começasse a acusá-lo de alguma coisa), pediu-lhe que fosse embora e não fizesse mais perguntas a ele.

Mas a menina não desistiu. Falou-lhe do plano de salvação, falou-lhe que devemos confiar no Senhor Jesus, e apelou àquele coração. O "tio" não resistiu. No domingo seguinte foi à igreja, assistiu ao culto, e, ao apelo do pastor, decidiu-se. Alguns dias depois foi batizado.

"Ó Senhor, Senhor nosso, quão admirável é o teu nome em toda a terra, pois puseste a tua glória sobre os céus. Da boca das crianças e dos que mamam tu suscitaste força, por causa dos teus adversários, para fazeres calar o inimigo e vingativo. Quando vejo os teus céus, obra dos teus dedos, a lua e as estrelas que preparaste..." (Sl 8.1-3).

QUANTO DINHEIRO VOCÊ TEM?

Um estudante, com dificuldades financeiras, não podia pagar a mensalidade. Precisava de 29 dólares e 75 centavos. Foi falar com o professor que era muito seu amigo. Não iria pedir-lhe dinheiro, pois sabia que o professor também era pobre. Ele queria simplesmente valer-se de seus conselhos, da sua experiência, e sobretudo, de sua grande fé. Contou-lhe o seu drama. Disse-lhe o professor:

- Oremos a esse respeito, mas diga-me primeiro. Quanto dinheiro você tem?

- Setenta e cinco centavos.

O professor devolveu o aviso de cobrança que o aluno mostrara, recomendando que escrevesse no verso: "setenta e cinco centavos estão para 29 dólares e 75 centavos, como cinco pães e dois peixes estão para cinco mil homens, mais mulheres e crianças".

Oraram e o aluno se retirou. No dia seguinte, voltou sorridente a encontrar-se com o professor. Tinha recebido o dinheiro de um modo inesperado e vinha efetuar o pagamento da mensalidade.

"De certo vosso Pai celestial bem sabe que necessitais de todas estas coisas" (Mt 6.32b).

TIAGO, O IRMÃO DO SENHOR

O livro de Atos registra, no capítulo 15, versículo 13, que Tiago presidiu a uma reunião dos apóstolos, quando surgiu a questão dos "judaizantes". Ele era o pastor da primeira igreja evangélica do mundo, na cidade de Jerusalém. Era um homem de firmes convicções e muito prático, que queria ver o trabalho do Senhor crescer com o trabalho dos crentes.

Tiago deixou uma carta escrita que está no Novo Testamento e tem o seu nome. Nessa carta, aconselha o crente a ser firme e a trabalhar com verdadeiro espírito cristão.

Diz a tradição que Tiago era homem de muita oração: passava horas orando e pedindo ao Senhor que o orientasse.

Um dia, no esforço de combater os crentes, o sumo sacerdote Anano trouxe-o à porta do Templo, e, diante da multidão, mandou que ele declarasse vã a sua fé e o nome de Jesus. Então Tiago colocou-se diante da multidão, de modo que fosse visto por todos e gritou a plena força de seus pulmões:

- Jesus Cristo vive e reina!

Diante disso, o sumo sacerdote ordenou que ele fosse morto por apedrejamento.

"Digo-vos que todo aquele que me confessar diante dos homens, também o Filho do homem o confessará diante dos anjos de Deus. Mas quem me negar diante dos homens será negado diante dos anjos de Deus" (Lc 12.8,9).

O ADOLESCENTE GEORGE MÜLLER

George Müller "na adolescência foi um fracasso, uma decepção, pois ninguém, nem mesmo seus familiares dariam nada pelo futuro dele". Era um garoto desobediente, dissoluto, intemperante, profano, extraviado. Embriagava-se de tal maneira que, aos 14 anos (1819), no mesmo dia em que sua mãe jazia morta em câmara ardente, andava perambulando bêbado em Halsberstadt, na Prússia. Mas os "lírios surgem do brejo", e assim aquele menino mau converteu-se quando foi convidado por um amigo para assistir a um culto familiar.

George Müller, depois de sua conversão, dedicou a sua vida inteiramente ao Evangelho. Deixou marcas profundas como demonstração da sua fé, em obras sociais e pregação. Confiava totalmente na oração a ponto de parecer exagerado.

Dirigia um orfanato cujo princípio era "não revelar a

ninguém, senão a Deus, as suas dificuldades internas". Assim, somente Deus sabia das dificuldades da instituição, através de suas orações, mas nunca faltou alimentação para os órfãos.

"Certo dia elas (as crianças) sentaram-se à mesa para a sua primeira refeição, mas os pratos estavam vazios, sem pão, e sem leite. O líder estava calmamente dando graças pela alimentação que iam comer, mas que em verdade não tinham. Mal terminada a oração ouviu-se alguém batendo à porta do refeitório. Um leiteiro vinha avisar que em frente ao orfanato a sua carroça acidentada, sem roda, não podia prosseguir, e assim, resolveu deixar todo o leite para o orfanato."

Extremamente meticuloso, George Müller começou a anotar os pedidos que fazia em oração. Suas orações atendidas no curso da sua vida, foram além de 50 mil.

Cinqüenta mil orações respondidas!

"Não andeis pois inquietos, dizendo: Que comeremos ou que beberemos, ou com que nos vestiremos? (porque todas estas coisas os gentios procuram). Decerto vosso Pai celestial bem sabe que necessitais de todas estas coisas; mas buscai primeiro o reino de Deus, e a sua justiça, e todas estas coisas vos serão acrescentadas. Não vos inquieteis pois pelo dia de amanhã, porque o dia de amanhã cuidará de si mesmo. Basta a cada dia o seu mal" (Mt 6.31-34).

LITERATURA EVANGÉLICA E LITERATURA COMUNISTA

"A declaração de Lenine de que 'cada comunista deve empenhar-se ativamente na distribuição de literatura ateísta' é levada muito a sério pelos seus seguidores." Será que nós, os crentes, devemos encarar com menos seriedade a ordem de Cristo? São palavras de um artigo escrito em "Mensagem da Cruz" de autoria de George Werwer.

O autor foi preso na União Soviética por estar distribuindo literatura evangélica. Foi-lhe ali permitido que comprasse alguns livros, e lhe deram gratuitamente um volume de "A Bíblia Engraçada", na qual o autor, que estudara em um colégio jesuíta na França, desiludido com o catolicismo deixou-o e tornou-se jornalista.

"A Bíblia Engraçada" (The Funny Bible) visa justamente a escarnecer da Palavra de Deus.

George Werwer conta em seu artigo trechos da conversa que manteve com comunistas. Um deles disse: "O Evangelho é uma arma mais poderosa do que a filosofia de Marx, no que concerne à renovação da sociedade, mas, mesmo assim, nós o derrotaremos". Diz ainda: "... consagramos nossas horas livres e parte de nossas folgas para esse fim. Vocês, porém, dão apenas uma pequena parte de seu tempo e muito pouco dinheiro para a divulgação do Evangelho de Cristo".

É o desafio comunista! Os cristãos podem aceitá-lo?

"E louvou aquele senhor o injusto mordomo por haver procedido prudentemente, porque os filhos deste mundo são mais prudentes na sua geração do que os filhos da luz" (Jo 16.8).

O VALENTE CONVERTIDO

Um pastor, no Rio de Janeiro, tinha especial predileção pelo evangelismo pessoal. Sempre que havia oportunidade, saía à rua a convidar nas proximidades da igreja, alguns momentos antes do início do culto. Os irmãos ficavam ocupados em outras atividades, mas o pastor convidava um irmão e saíam os dois.

Um dia encontrou-se com o valentão do lugar. Era temido, arruaceiro: brigava por qualquer motivo.

– Quer aceitar um folheto? – perguntou.

O valentão aceitou. Ouviu ainda algumas palavras que o pastor lhe disse, e leu o convite que estava impresso com o horário dos trabalhos.

À noite, no horário do culto, lá estava o valentão. Preferiu o último banco, mas ouviu atentamente a pregação. Quando o pastor fez o apelo, no final, o valentão se levantou e calmamente dirigiu-se ao púlpito. Levou a mão à cintura, tirou o revólver, segurou-o pelo cano, e entregou-o ao pastor, enquanto dizia:

– Pastor, o senhor não sabe o benefício que me fez falando comigo hoje à tarde. Fique com este revólver, que eu não preciso mais dele. De hoje em diante sou uma nova criatura em Cristo.

"Eis que estou à porta e bato; se alguém ouvir a minha voz, e abrir a porta, entrarei em sua casa, e com ele cearei e ele comigo" (Ap 3.20,21a).

OPORTUNIDADE DE OUVIR MENDELSSOHN

Na Catedral de Fiedburg havia um órgão antiguíssimo. Durante muitos anos só um homem tocou aquele instrumento, mas o músico envelhecera e com ele aquelas mãos que perderam a leveza e não conseguiam mais articular os dedos. Agora ele se transformara em zelador apenas daquele instrumento: Limpava-o, conservava-o, e fazia isso com muito amor.

Um dia um estranho visitou a igreja e viu o instrumento. Pediu ao ancião autorização para experimentá-lo, mas não lhe foi concedida.

Jamais alguém, a não ser ele próprio, ou um novo organista poriam as mãos naquele instrumento.

- Mas eu também sou organista e teria imenso prazer em tocá-lo.

Insistiu muito e conseguiu a autorização. Mal seus dedos tocaram no teclado e o templo se encheu de lindas melodias.

Depois de tocar mais algumas músicas, sob o olhar admirado do zelador, desceu da banqueta. O zelador perguntou-lhe o nome.

- Feliz Mendelssohn - disse o visitante.

- Que oportunidade eu iria perder! - disse o ancião.

"Não vos esqueçais da hospitalidade, porque por ela alguns, não o sabendo, hospedaram anjos" (Hb 13.2).

EU PODERIA MATÁ-LO

Uma tribo de índios tinha sido visitada por muitos missionários, mas os silvícolas, que conheciam bem os costumes dos brancos, zombavam. É que os missionários vinham dizendo:

– Vocês precisam aprender a viver como gente, não beber, não fumar, não mentir, não roubar.

– Vá primeiro ensinar essa lição aos brancos – dizia um índio, – pois sabemos que eles são os maiores ladrões e mentirosos.

Um dia chegou à selva um missionário diferente, dizendo:

– Venho a vós em nome do Senhor do Céu e da Terra. Ele prazeirosamente vos fará saber que pode vos salvar e vos livrar do miserável estado em que estais. Para isso, Ele se tornou homem, deu seu sangue e a sua vida pela humanidade.

Havendo dito isso, o missionário deitou-se despreocupadamente, e, cansado como estava, adormeceu.

– "Eu poderia matá-lo" – pensou o índio – mas ele está tão tranqüilamente, e suas palavras não saem da minha mente!

Embora tentasse, o índio não conseguia dormir e, quando dormia, sonhava com o sangue de Jesus que fora derramado por si. Começou a consultar sobre isso os outros índios seus companheiros, e um despertamento entre eles começou, e muitos se converteram.

"Eu, irmãos, quando fui ter convosco, anunciando-vos o testemunho de Deus, não fui com sublimidade de palavras ou de sabedoria, porque nada me propus saber entre vós, senão a Jesus Cristo, e este crucificado" (1 Co 2.1,2).

CARTA ESCRITA POR UM CRENTE CERCA DO ANO 200 d.C.

"Os crentes não se distinguem do resto da humanidade por considerações como pátria, idioma, ou costumes. Vivem em seus próprios países, mas como forasteiros. Assumem todas as responsabilidades como cidadãos; sofrem tudo como estrangeiros. Passam a vida na Terra, mas são cidadãos do Céu. Obedecem às leis estabelecidas, mas em suas vidas cumprem além do que as leis estipulam. Amam a todos os homens, e por todos são perseguidos. Não são compreendidos, e sim condenados. São assassinados, e, no entanto, são vivificados.

"De modo geral, pode-se dizer que os cristãos são para o mundo aquilo que a alma é para o corpo. A alma está difundida por todas as partes do corpo, e os crentes estão dispersos pelas cidades do mundo. A alma habita no corpo, mas não pertence a ele; os crentes habitam no mundo, mas não fazem parte dele. A carne odeia a alma, e, embora esta não lhe faça mal, luta contra ela, posto que ela é impedida de desfrutar de seus prazeres..."

"Se o mundo vos aborrece, sabei que, primeiro do que a vós, me aborreceu a mim. Se vós fôsseis do mundo, o mundo amaria o que era seu, mas, porque não sois do mundo, antes eu vos escolhi do mundo, por isso é que o mundo vos aborrece. Lembrai-vos da palavra que vos disse: Não é o servo maior do que o seu senhor. Se a mim me perseguiram, também vos perseguirão a vós; se guardaram a minha palavra, também guardarão a vossa" (Jo 15.18-20).

COMO É DEUS?

Numa conversa informal com o seu pastor, um jovem perguntou:

- Como é Deus?

- Deus é como Jesus, respondeu o pastor.

Depois do encontro, o pastor começou a refletir sobre a pergunta do moço e se sentiu feliz com a resposta que dera, julgando-a certa e também edificante.

Considerando a resposta como uma dádiva reveladora concedida pelo Espírito Santo, orou com gratidão num gesto de sincera rededicação. O pastor havia descoberto um aspecto novo da verdade eterna.

"E oito dias depois estavam outra vez os seus discípulos dentro, e com eles Tomé. Chegou Jesus, estando as portas fechadas, e apresentou-se no meio, e disse: Paz seja convosco. Depois disse a Tomé: Põe aqui o teu dedo, e vê as minhas mãos; e chega a tua mão, e meta-a no meu lado, e não sejas incrédulo, mas crente. Tomé respondeu e disse-lhe: Senhor meu, e Deus meu!" (Jo 20.26-28).

ESTA CASA É PARA VOCÊ

Trabalhando para seu patrão há muitos anos, um construtor recebeu dele mais uma incumbência:

– Vou fazer uma excursão, mas tenho confiança de deixá-lo construindo para mim uma casa, cuja planta está aqui, pronta e aprovada. Compre o material, empregue os operários, enfim, cuide de tudo, que devo voltar dentro de alguns meses.

Amargurado e com uma ponta de inveja, o construtor, experimentando uma vingança, comprou todo material da pior espécie que existia e construiu a casa. Quando o patrão regressou estava prontinha, pintada por dentro e por fora, escondendo o material de péssima qualidade que foi empregado.

O patrão tinha planos ocultos para o destino da casa, mas os escondera até aquele momento. Chamou o empregado e disse:

– Você já é meu empregado há muitos anos. Tem sido bom empregado e pessoa de muita confiança e sou-lhe muito agradecido por tudo. E como prova do meu agradecimento quero lhe entregar as chaves da casa que construiu na minha ausência. A casa é sua!...

"Porque haverá homens amantes de si mesmos, avarentos, presunçosos, soberbos, blasfemos, desobedientes a pais e mães, ingratos, profanos" (2 Tm 3.2).

LIVINGSTONE, O PIONEIRO

Na galeria dos heróis da fé do século passado, figura com destaque o nome de Davi Livingstone. Era escocês, nascido em 1813, e faleceu em 1873, em uma missão na África que tanto amou. Era de uma tenacidade a qualquer prova. Intrépido, firme nas suas decisões: nenhum obstáculo o fazia recuar.

Quando tinha 20 anos de idade, converteu-se a Cristo e sentiu a chamada de Deus para ser missionário, como médico. Mas uma coisa, inicialmente, Livingstone não sabia fazer. A primeira vez que subiu ao púlpito para pregar, esqueceu-se do sermão cuidadosamente preparado, e tudo o que tinha a dizer, foi:

– Amigos, eu me esqueci de tudo o que tinha a dizer.

Isso não desanimou o jovem crente. Seguiu para a África, onde passou pelas mais duras provações e saiu vencedor. Principalmente na sua luta contra a escravatura e na pregação do Evangelho.

Livingstone é um herói internacional. Na Escócia há um memorial, na Inglaterra é reverenciado. Nas proximidades do lago Niassa, na África, está a sede da importante missão chamada *Livingstônia.*

"Tão somente temei ao Senhor, e servi-o fielmente com todo o vosso coração; porque vede quão grandiosas coisas fez" (1 Sm 12.24).

FALE MAIS COM DEUS

Uma senhora crente procurou o pastor da sua igreja. Era casada e seu marido não era crente. Contou ao pastor o seu drama, suas dificuldades.

- Ah! pastor..., tenho falado tanto de Cristo e não consigo fazer meu marido aceitar Jesus como seu Salvador...

- Minha irmã - disse o pastor, - fale mais com Deus a respeito do seu marido e menos com seu marido acerca de Deus.

"Não estejais inquietos por coisa alguma: antes as vossas petições sejam em tudo conhecidas diante de Deus pela oração e súplicas, com ação de graças. E a paz de Deus, que excede todo entendimento, guardará os vossos corações e os vossos sentimentos em Cristo Jesus" (Fp 4.6,7).

UM CRENTE ESCONDIDO

Muitos rapazes trabalhavam juntos num escritório no centro do Rio de Janeiro; viviam em boa camaradagem, bom ambiente de trabalho: tudo transcorria em paz.

Um dia um dos rapazes chegou de manhã, todo entusiasmado, falando do Evangelho a todos e contando o sucesso do dia anterior. Estivera numa igreja evangélica, assistira ao culto e se convertera. Estava possuído de uma alegria contagiante: queria contar a todos a sua alegria: achava que todos os seus colegas deveriam se converter...

Mas dentre os colegas ele descobriu um que "já era crente". Trabalhava ali durante muitos anos seguidos, mas ninguém sabia que ele era crente!

"Vós sois a luz do mundo: não se pode esconder uma ci-

dade edificada sobre um monte. Assim resplandeça a vossa luz diante dos homens, para que vejam as vossas boas obras e glorifiquem a vosso Pai, que está nos céus" (Mt 5.14,16).

A BÍBLIA INCOMPLETA

O monge beneditino D. Marcos Barbosa, em palestra radiofônica em fins de 1982, talvez preocupado como D. Avelar Brandão com o crescimento das "seitas" protestantes, procurou sofismas sobre a Bíblia, alegando em favor do catolicismo umas "verdades" que não são verdadeiras. Disse:

- Os judeus têm um livro sagrado: Chama-se Bíblia. Os protestantes têm um livro sagrado: chama-se Bíblia. Os católicos têm um livro sagrado: chama-se Bíblia. Até aqui tudo bem. Tudo é verdade:

Disse mais:

- Os judeus têm uma Bíblia incompleta; os protestantes têm uma Bíblia incompleta. Os católicos têm uma Bíblia completa.

Aqui está o sofisma para confundir os incautos. A verdade é que os judeus, os protestantes e os evangélicos - não incluídos no grupo pelo eminente religioso - têm uma Bíblia diferente da Bíblia católica. Os judeus não crêem em Jesus como Messias, portanto não têm o Novo Testamento; os protestantes e os evangélicos têm a mesma Bíblia dos judeus, acrescida do Novo Testamento, e os católicos têm a mesma Bíblia dos protestantes e evangélicos, acrescida de livros apócrifos, recusados pelos judeus que nos legaram tudo o que sabemos sobre o Deus verdadeiro.

"No decorrer dos séculos, muitos homens têm tentado adicionar palavras espúrias à Palavra de Deus. No Concílio de Trento, em 1545, em resposta à Reforma Protestante, a Igreja Católica Romana decidiu incluir no Livro de Deus todos os volumes dos Apócrifos. Não há nenhum judeu sincero e nenhum cristão sincero que queira incluir na Bíblia os monstruosos absurdos que lemos nos apócrifos."

"Porque eu testifico a todo aquele que ouvir as palavras da profecia deste livro que, se alguém lhes acrescentar al-

guma coisa, Deus fará vir sobre ele as pragas que estão escritas neste livro. E, se alguém tirar quaisquer palavras do livro desta profecia, Deus tirará a sua parte da árvore da vida, e da cidade santa, que estão escritas neste livro. Aquele que testifica estas coisas, diz: Certamente cedo venho. Amém. Ora vem, Senhor Jesus!" (Ap 22.18-20).

O VALOR DO TESTEMUNHO

Um pastor de uma igreja distante da sua casa tinha uma vizinha interessada no Evangelho. Já havia conversado com ela, com o marido, com os filhos, e todos estavam interessados.

– É, pastor – disse a moça, – preciso mesmo aceitar a Jesus, pois reconheço que não há outro caminho. Percebo que os crentes são pessoas tranqüilas e felizes, têm em quem confiar.

O pastor ficou muito contente. Combinou que num dia a fixar iria acompanhá-los a uma igreja nas proximidades de sua residência.

O dia chegou. Na igreja chegaram um pouquinho antes do horário do culto. A pessoa encarregada da parte devocional que precede a pregação estava vestida de tal modo que escandalizou os visitantes. A moça muito educada, pediu licença ao pastor que a convidara e se retirou, mas o pastor ficou preocupado e no dia seguinte, segunda-feira, fez nova visita:

– O que houve que a senhora não quis ficar?

– Pastor – disse ela, – o senhor me desculpa, mas eu estou procurando uma igreja que possa me oferecer algo diferente: um lugar onde as pessoas sejam realmente regeneradas.

"O enfeite delas não seja o exterior, no frisado dos cabelos, no uso de jóias de ouro, na compostura de vestidos..., porque assim se adornavam também antigamente as santas mulheres que esperavam em Deus, e estavam sujeitas aos seus próprios maridos" (1 Pe 3.3,5).

JESUS TRANSFORMA

Numa pregação ao ar livre, sempre aparece um zombador. É um embriagado, um incrédulo, um brincalhão.

O pregador, um ex-beberrão convertido, estava muito entusiasmado, pregando sobre o primeiro milagre de Jesus: As bodas de Caná da Galiléia.

Um homem interrogou o pregador:

– Como poderia Jesus ter transformado a água em vinho?

O pregador fitou o homem e respondeu com ousadia:

– Não lhe posso responder, meu amigo. Só sei dizer-lhe que em minha casa Jesus transformou a pinga em pão, as brigas em amor, a incredulidade em fé e o farrapo que eu era, em um pregador.

"Não me envergonho do evangelho de Cristo, pois é o poder de Deus para salvação de todo aquele que crê" (Rm 1.16a).

O VALOR DA LITERATURA

Um crente americano ganhou uma Bíblia em espanhol, e como não conhecesse a língua, deu-a de presente a um mexicano seu conhecido. Algum tempo depois, quando o americano já nem se lembrava mais disso, recebeu uma visita inesperada. Era o mexicano que, tendo lido a Bíblia em família, tinha se convertido com a esposa e filhos.

Feitos os cumprimentos, sentaram-se, e o americano ouviu com alegria a história:

– Lemos a Bíblia que o senhor nos deu e hoje somos crentes salvos, eu e a minha família. Mas a Bíblia diz que aquele que crer seja batizado. Queremos saber como podemos completar a nossa vida cristã de acordo com a Bíblia.

"E eles disseram: Crê no Senhor Jesus Cristo e serás salvo, tu e a tua casa. E lhe pregavam a palavra do Senhor, e a todos os que estavam em sua casa. E, tomando-os ele consigo naquela mesma hora da noite, lavou-lhes os vergões; e logo foi batizado, ele e todos os seus" (At 16.31-33).

ELE CONHECE O PASTOR

Numa igrejinha da Escócia, um professor famoso, conferencista de renome, assistia ao culto da manhã. Foi-lhe pedido que recitasse o Salmo 23. Concordou. Recitou com muita graça, boa dicção, perfeição. A congregação ficou impressionada com a declamação. Em seguida, alguém pediu ao pastor da igreja que recitasse o mesmo Salmo. Humilde, mas sinceramente, ele o fez, com grande sentimento. Quando terminou a congregação tinha lágrimas nos olhos de emoção.

O culto terminou. Um amigo do professor veio ter com ele e perguntou-lhe se havia notado o efeito diferente que as duas recitações tinham tido sobre o povo. Por um momento o professor guardou silêncio. Depois replicou com alto senso de humildade:

– Sim, eu notei. É que eu conheço o salmo, mas ele conhece o pastor.

"O Senhor é o meu pastor!" (Sl 23.1a).

JESUS REVELA O PAI

É de Stanley Jones a narração do acontecimento seguinte:

Uma família se preparava para o Natal, mas o pai, que era militar, teve de se afastar, prometendo fazer tudo para voltar a tempo.

Os dias iam se passando, e o Natal chegou, e o pai de família não voltou. A esposa, para confortar os filhos, colocou no lugar vago do pai, um grande retrato como se ele estivesse ali presente.

A ceia transcorria triste. Em dado momento o filho menor disse:

– Mamãe, eu queria que papai saísse desse retrato e viesse comer e conversar conosco.

Foi boa a intenção daquela mãe, mas o retrato não resolvera o problema daquela criança.

"Têm boca, mas não falam; têm olhos, e não vêem. Têm ouvidos e não ouvem, nem há respiro algum nas suas bocas. Semelhantes a eles se tornam os que os fazem, e todos os que confiam neles" (Sl 135.16-18).

EU QUERO VER OS MEUS PAIS

Muitas vezes o dinheiro é pernicioso para a família.

Uma menina rica tinha tudo o que precisava e até o que não precisava em matéria de conforto, mas a presença e o carinho dos pais, ela não tinha. Os pais viviam viajando, excursionando por todos os lados, conhecidos e desconhecidos; temporadas em lugares famosos, etc.

Em cada porto que chegavam, em cada lugar que visitavam, tinham o cuidado de comprar um lindo presente e mandar para a filha. Ela já não tinha mais lugar para guardá-los, tal era a quantidade. Mas que contraste... Cada presente trazia para ela o agravamento da sua tristeza. E com inveja ela se lembrava das meninas pobres, cujos pais estavam sempre presentes.

"E vós, pais, não provoqueis a ira a vossos filhos, mas criai-os na doutrina e admoestação do Senhor" (Ef 6.5).

ESTA HARPA FOI FABRICADA POR MIM

Um velho músico em decadência, sozinho e doente, teve de vender a sua harpa para mitigar a fome de alguns dias. De pequenos expedientes que as últimas forças lhe permitiam, ia arrastando a sua triste existência.

Agora, próximo às comemorações do Natal, ele meditava no seu quarto frio. A fome o impeliu para a rua em busca de mais uma ajuda. Agasalhou-se como pôde, e saiu.

Uma casa iluminada o animou a pedir auxílio. Bateu e foi atendido por um cavalheiro que se condoeu do seu triste estado. Fê-lo participar da mesa e arrumou uma cama para ele no quarto onde guardava os trastes.

No dia seguinte, muito cedo, os moradores daquela casa ouviram acordes maravilhosos ao som de harpa. O dono da casa desceu e encontrou o velhinho dedilhando o instrumento, tirando aquele som maravilhoso.

O homem ficou admirado:

- Como o senhor pode tirar sons tão agradáveis desse instrumento?

O velhinho tinha lágrimas nos olhos. Fitou o anfitrião:

- Ah! meu senhor! Este instrumento não tem nenhum segredo para mim. Fui músico em minha mocidade. Eu mesmo construía os meus instrumentos. Esta harpa, reconheço-a, foi feita por mim.

"Lembra-te do teu Criador nos dias da tua mocidade,

antes que venham os maus dias, e cheguem os anos dos quais venhas a dizer: Não tenho neles contentamento" (Ec 12.1).

CULPADO DO SANGUE DERRAMADO

Um jovem conta a seguinte história:

Meu pai, passando por determinado lugar, ouviu alguém dizendo: "Hoje vou matar fulano". Chegando a casa, escreveu um bilhete, e mandou correndo entregá-lo à pessoa ameaçada. No caminho, fiquei distraído, brincando, atirando uma pedra em um passarinho. Quando me lembrei da urgência do recado, saí correndo, e, em lá chegando, o destinatário já estava morto. O assassino, mais apressado do que eu, chegara primeiro e consumara o seu intento.

Ao voltar, meu pai já sabia da história e me perguntou:

- Que sangue é esse em suas mãos?

- É de um passarinho que eu matei - repondeu.

- Não, meu filho. O sangue que mancha suas mãos é o da pessoa que morreu porque você não a avisou a tempo.

"Filho do homem, eu te dei por atalaia sobre a casa de Israel; e tu da minha boca ouvirás a palavra, e os avisarás da minha parte. Quando eu disser ao ímpio: Certamente morrerás; não o avisando tu, não falando para avisar o ímpio acerca do seu caminho ímpio, para salvar a sua vida, aquele ímpio morrerá na sua maldade, mas o seu sangue da tua mão o requererei. Mas, se avisares o ímpio, e ele não se converter da sua impiedade e do seu caminho ímpio, ele morrerá na sua maldade, mas tu livrarás a tua alma" (Ez 3.17-19).

A CORAGEM DE JOÃO SANCHES

João Sanches, condenado pela Inquisição a morrer queimado, foi amarrado ao poste com cordas que o fogo queimou em primeiro lugar. Livre assim ele saiu em direção ao Tribunal. Pensaram que ele, arrependido, fosse retratar-se, ou que, desesperado, fosse atacar alguém como vingança. Nada disso aconteceu. Ele confirmou que tinha tanta certeza da vida eterna com Jesus que voltava voluntariamente para morrer queimado. E assim o fez: morreu pelo Cordeiro que dera primeiro a sua vida por ele.

"Porque eu estou pronto, não só a ser ligado mas ainda a morrer... pelo nome do Senhor Jesus" (At 21.13).

ELA CONSEGUIU SALVAR O SEU LAR

Uma senhora crente com os atributos que acompanham a fé, viu seu marido cair nos braços de outra, deixando o lar e os filhos. Com extraordinária resignação, disse ao esposo:

– Leve a chave da porta que continuará aberta para a sua volta depois da decepção: sua esposa estará pronta para recebê-lo!

Três meses depois, uma madrugada, a porta se abriu. Aquela heroína percebeu logo do que se tratava e ternamente disse:

– Pode entrar, sua esposa e seus filhos estão orando pela sua vitória.

"Esperei com paciência no Senhor, e Ele se inclinou para mim, e ouviu o meu clamor!" (Sl 40.1).

O SALMO 23

Um dos mais belos textos jamais escritos, senão o mais belo da literatura universal, é o Salmo nº 23, de Davi. Crê-se que Davi compôs esse belíssimo hino de louvor a Deus quando ainda moço, enquanto guardava o rebanho, no mesmo campo onde, mil anos mais tarde, outros pastores ouviram o coro angelical anunciando o nascimento do Salvador.

Não existe crente criança, moço, velho, que não conheça o Salmo 23, e que não tenha se valido dele em louvor ao Senhor.

A. T. Beecher, assim se expressou sobre esse Salmo: "Este Salmo tem voado para cima e para baixo na terra, como um pássaro, cantando o mais doce cântico jamais ouvido. Tem acalmado mais aflições do que todas as filosofias do mundo. Prosseguirá gorjeando para vossos filhos, para os meus, e para os filhos deles, até o fim do tempo. Quando tiver realizado sua missão, voará de volta para o seio de Deus, recolherá as asas e continuará para sempre, cantando no feliz coro daqueles que ajudou a levar para lá".

"O Senhor é o meu pastor, nada me faltará" (Sl 23.1).

Se você gostou da leitura desse livro,
presenteie um amigo com um exemplar.